Monter Un Business Internet Sans Site Web:
Le Nouveau Système Complet Pour Devenir Riche Sur Internet Avec Ses Textes Et Vidéos En Démarrant De Zéro, Juste Avec Facebook Et Youtube.

TABLE DES MATIÈRES

INTRODUCTION. 4

MODULE #1: CONSTRUISEZ VOTRE SYSTÈME POUR FACILEMENT CRÉER VOS PRODUITS ET LES VENDRE SANS AUCUN SITE WEB. 13

I.1- La manière simple de trouver des idées de produits rapidement. 16

I.2- Comment créer facilement votre produit avec un plan et un contenu irrésistible. 22

I.3- La bonne attitude à avoir pour créer un produit qui marche sans forcément avoir besoin d'être un expert. 26

I.4- Le meilleur format à choisir pour tenir facilement la cadence d'un produit par semaine. 27

I.5- Comment délivrer vos produits et accepter les paiements sans site web. 33

I.6- Comment automatiser au maximum votre système pour ne faire que du contenu. 36

I.7- La meilleure façon de choisir votre thématique. 38

MODULE #2: LE PLAN DE CONTENU HEBDOMADAIRE FACEBOOK ET YOUTUBE POUR CRÉER ET ANIMER UNE COMMUNAUTÉ EN PARTANT DE ZÉRO. 45

II.1- Le plan de contenu de base hebdomadaire pour faire tourner votre business, jour après jour. 48

II.2- Plan de statuts Facebook pour construire son audience et bâtir un maximum d'engagement. 67

II.3- La nouvelle manière la plus efficace de capturer les adresses email. 77

II.4- Le plan exact d'emailing pour avoir un taux d'ouvertures et de clics maximal. 81

II.5- Créez des ponts entre vos différentes plateformes. 84

MODULE BONUS...**88**

CONCLUSION. **95**

A PROPOS DE L'AUTEUR. **98**

CRÉATIONS DU MÊME AUTEUR. **99**

INTRODUCTION.

Félicitations, vous faites maintenant partie de la minorité des gens qui vont savoir vraiment comment monter un business Internet lucratif qui vous permette de très bien gagner votre vie, le tout sans même avoir besoin de site web, simplement avec Facebook et Youtube.

Si vous vivez de vos contenus (textes, vidéos, podcasts, etc.) ou que vous comptez le faire en montant votre activité en ligne, alors vous devez savoir qu'énormément de choses ont changé en très peu de temps.

En effet, on visite de moins en moins les sites web et blogs de type Wordpress qui fonctionnaient très bien il y a encore quelques années.

Les marketeurs "à l'ancienne" qui utilisaient ou utilisent encore ce format pour partager leur contenu (texte, vidéo) n'ont plus le même succès qu'il y a 2 ou 3 ans, car ils assistent à une désertion massive des gens.

Ce n'est pas une question de thématique qui se démode, mais plutôt de format.

Les thématiques sont toujours aussi populaires qu'avant si ce n'est davantage, et les gens n'ont certainement pas disparu brusquement de la surface du globe.

Ils ont juste migré.

Au lieu de passer leur temps sur les bons vieux blogs Wordpress, ils passent aujourd'hui leur temps sur les plateformes telles que Facebook et Youtube, et semblent ne plus vouloir en sortir.

Quand on met des liens pour les amener sur son blog, le taux de clics chute drastiquement en comparaison à il y a quelques années, à en devenir parfois ridicule. Les gens ont envie de rester sur ces plateformes et ne veulent pas en sortir.

C'est alors aux nouveaux marketeurs de s'adapter, en montant leur business là où sont les gens : sur Facebook, Youtube, et toutes les autres plateformes de ce genre.

Le problème est que tout le monde commence à le faire et à lancer son business en ligne sur Youtube ou Facebook.

La barrière technique éventuelle qu'il y avait auparavant quand il fallait créer et paramétrer un blog et mettre en place tout le système de paiement et de distribution de produits a aujourd'hui disparu.

Du coup, tout le monde partage ce qu'il veut sur Facebook ou Youtube. La quantité de contenu par seconde téléchargée sur ces deux plateformes est simplement phénoménale et une vie entière ne suffirait pas à regarder tout le contenu mis en ligne en moins de 24 heures.

Il est donc de plus en plus difficile d'être visible et de se faire une voix dans cet océan de contenu, et si on veut gagner sa vie sur Internet, on ne peut pas utiliser les mêmes méthodes qui fonctionnent seulement pour les gros sites à audience énorme, qui récoltent des dizaines voire des centaines de milliers de vues et de likes.

On est obligé de faire autre chose, et d'utiliser un nouveau système qui soit adapté aux petites audiences, et qui permette de gagner très bien sa vie même si on ne possède qu'un très petit nombre de personnes qui nous suivent.

C'est d'ailleurs ce qui cause la perte de beaucoup de personnes qui se lancent sur le web en utilisant la mauvaise stratégie pour vendre en ligne.

Pour vendre en ligne, il y a en effet deux façons de travailler.

La première façon est la plus courante.

Elle consiste à avoir un site web et un gros produit de référence, que ce soit sous forme d'abonnement ou à achat unique.

C'est ce qu'on appelle un business par la magnitude (horizontal), c'est-à-dire qu'on va chercher à vendre à un maximum de monde un produit sans forcément délivrer beaucoup de valeur ni chercher à créer une relation profonde avec les gens.

Ce modèle se base sur l'acquisition de trafic, et pour avoir un modèle stable il faut sans cesse ramener du nouveau monde pour acheter ce gros produit unique.

En effet, les clients qu'on a déjà, ils ont déjà acheté le produit unique et ne vont donc pas le racheter à nouveau. Et même s'ils voudraient encore acheter chez vous ce n'est pas possible car vous n'avez qu'un seul produit.

Pour ce qui est des prospects, ils ont déjà largement eu le temps de voir vos multiples promotions de ce produit unique et s'ils ne l'ont pas acheté jusqu'à présent, c'est probablement qu'ils ne vont jamais l'acheter.

Peut-être que pour acheter, ces personnes voudraient des produits sur d'autres sujets de votre thématique et que le sujet en question de votre produit phare ne les intéresse pas.

La seule manière de s'en sortir avec ce modèle horizontal par la magnitude est donc d'avoir une audience énorme et d'acquérir sans cesse du trafic web pour que ce soit viable, sans forcément chercher à créer une relation en profondeur mais plutôt faire de la consommation de masse.

Malheureusement, c'est dans ce modèle que s'engouffrent 97% des gens qui souhaitent monter un business sur le web.

Avec tout le contenu de disponible, la plupart des gens qui se lancent ne vont jamais avoir une audience immense.

Le problème est qu'ils s'en rendent compte après plusieurs mois ou années à créer du contenu avec acharnement dans l'espoir d'acquérir une grosse audience qui ne vient jamais, puis jettent l'éponge.

Ce modèle n'est donc pas viable pour la plupart des gens, et est surtout à éviter si vous ne voulez pas courir à la catastrophe.

Voici maintenant la deuxième façon de travailler pour vendre en ligne.

Elle consiste à proposer un maximum de points d'entrée pour les clients en créant et proposant de nouveaux produits très régulièrement.

C'est ce qu'on appelle un business par la profondeur (vertical), c'est-à-dire qu'on va chercher à vendre à peu de personnes de manière très régulière, en délivrant à chaque fois beaucoup de valeur et surtout en créant une relation de profondeur et d'amitié avec nos clients pour les fidéliser.

Ce modèle est indépendant de la quantité de trafic web, c'est-à-dire qu'il va fonctionner aussi bien avec peu de trafic qu'avec beaucoup de trafic.

Bien entendu, plus votre trafic va grossir et mieux ça sera, mais vous ne serez plus dépendant d'avoir une grosse audience pour réussir à gagner votre vie sur Internet, contrairement au premier modèle horizontal.

Il est donc possible de gagner très bien sa vie avec une minuscule audience à condition de vendre souvent aux mêmes clients, et de vendre des produits à un prix abordable.

Vous pouvez vous demander pourquoi ne pas vendre un produit très cher mais moins souvent ?

Le problème est que créer un produit très cher demande souvent une préparation énorme et qu'il ne faut pas se rater parce que s'il ne se vend pas, c'est votre business qui coule.

Il est nettement mieux de préférer vendre des produits moins chers, mais beaucoup plus souvent par exemple toutes les semaines.

Ainsi, même si vous avez deux ou trois produits d'affilée qui ne se vendent pas ce n'est pas grave.

Vous pourrez vous rattraper facilement sur le ou les suivants et vous aurez de toutes façons appris des choses, perfectionné votre technique et gagné en expérience.

Dans ce deuxième modèle, vous ne voyez alors plus les clients comme un porte-monnaie ambulant, mais comme des amis que vous accueillez et à qui vous faites découvrir votre univers.

C'est donc ce deuxième modèle que vous allez mettre en place dans cette formation, qui vous permettra de très bien gagner votre vie sur le web même avec une minuscule audience, sans miser votre stratégie sur l'acquisition de trafic comme le font les 97% des gens qui se lancent et qui échouent.

Cette formation va donc vous montrer cette nouvelle façon de réussir en ligne, et vous permettre de construire votre système sans avoir de site web, juste avec Facebook et Youtube.

Voici ce que vous allez apprendre, en trois modules :

Module #1.

A la fin de ce premier module, vous aurez construit votre système pour créer facilement vos produits et les vendre sans aucun site web, à raison de un produit par semaine.

Vous allez d'abord voir la manière simple de trouver des idées de produits rapidement.

Vous verrez ensuite comment créer facilement votre produit avec un plan et un contenu irrésistible.

Ensuite, vous découvrirez la bonne attitude à avoir pour créer un produit qui marche sans forcément avoir besoin d'être un expert, et même si vous débutez dans votre thématique.

Puis, vous verrez le meilleur format à choisir pour facilement tenir la cadence de créer un produit par semaine.

Vous allez ensuite voir comment délivrer vos produits et accepter les paiements sans avoir de site web.

Vous découvrirez également comment automatiser au maximum votre système pour ne faire que du contenu, et enfin vous verrez comment vous pouvez facilement choisir votre thématique si vous ne l'avez pas encore choisie.

A la fin de ce premier module, vous aurez donc totalement créé votre système pour créer les produits et les vendre, et qui soit adapté à votre personnalité et votre façon d'être.

Module #2.

A la fin de ce deuxième module, vous aurez entre les mains un plan de contenu hebdomadaire Facebook et Youtube qui va vous permettre de créer et animer une communauté de fans en partant de zéro.

Vous découvrirez dans un premier temps un plan de contenu de base hebdomadaire pour faire tourner votre business, jour après jour.

Vous y apprendrez notamment comment vendre facilement vos produits même si vous ne savez pas vendre, et que vous n'avez aucune notion de persuasion ou ne connaissez aucune technique de vente.

Puis, vous découvrirez la nouvelle façon de faire des vidéos de contenu accrocheuses et captivantes en un minimum de temps et tout en restant vous-même.

Vous verrez ensuite un plan de statuts Facebook pour créer un maximum d'engagement et construire facilement votre audience.

Vous allez aussi voir comment gérer les commentaires que vous recevez sur Facebook.

Puis, vous allez découvrir la manière la plus efficace de capturer les adresses emails aujourd'hui et bâtir votre mailing list.

Vous serez armé d'un plan exact d'emailing pour avoir un maximum de résultats avec votre mailing list en termes d'ouvertures et de clics.

Enfin, vous verrez la manière de créer des ponts entre les différentes plateformes.

Vous aurez donc à la fin de ce deuxième module tout votre plan de contenu détaillé entre les mains.

Module Bonus.

Ce dernier module est une surprise et un module bonus. Il peut à lui seul faire toute la différence et une fois que vous aurez compris ça, vous pourrez enfin être autonome et créer des contenus et des choses qui n'ont plus rien à voir.

Cela étant dit, il est temps de commencer dès à présent avec le premier module, et d'abord construire votre système pour créer facilement vos produits et les vendre.

MODULE #1: CONSTRUISEZ VOTRE SYSTÈME POUR FACILEMENT CRÉER VOS PRODUITS ET LES VENDRE SANS AUCUN SITE WEB.

A la fin de ce premier module, vous aurez totalement construit votre système pour facilement créer vos produits et les vendre sans aucun site web, à raison de un produit par semaine.

En effet, l'idée ici est de construire un système de travail sur une base hebdomadaire.

Ce genre de système est parfait pour les gens qui veulent maximaliser leur fréquence d'achat, et en particulier pour les débutants qui ont une petite audience et pour se rendre totalement indépendant de la nécessité de devoir avoir une audience énorme et d'acquérir sans cesse du nouveau trafic, comme on l'a vu dans l'introduction.

Par ailleurs, il faut savoir que les ventes ponctuelles (c'est-à-dire lorsqu'on met en valeur un produit à un instant donné) fonctionnent toujours nettement mieux que des ventes catalogues (c'est-à-dire lorsqu'on liste des produits sur une page).

Pour l'anecdote, c'est d'ailleurs comme ça que font les agences de vente par correspondance pour identifier les produits qui se vendent le mieux.

Elles envoient d'abord un catalogue général avec la liste de tous les produits, puis en fonction des ventes elles sélectionnent les produits qui ont fonctionné le mieux pour ensuite les vendre séparément avec une promo, car c'est là qu'elles vont gagner le maximum d'argent.

A votre échelle, le plus logique est donc de faire un lancement de nouveau produit toutes les semaines, ou une promotion d'un ancien produit lorsque vous n'avez pas créé de nouveau produit une semaine donnée si par exemple vous êtes partis en vacances.

Vous allez voir que la routine que vous allez créer avec ce système doit aussi correspondre au rythme que vous voulez lui donner, en fonction de votre style de vie et surtout pour que vous y preniez un maximum de plaisir afin de ne plus voir ça comme du travail, mais plutôt d'intégrer le travail à votre vie.

Cette notion de plaisir est excessivement importante comme on le verra, car c'est elle qui va vous permettre de faire la différence sur la durée car vous serez motivés pour continuer et ne pas lâcher.

Voici donc les différentes parties qui vont composer ce premier module.

Vous allez d'abord découvrir comment trouver des idées de produit rapidement, puis comment créer facilement votre produit en ayant un plan et un contenu irrésistible.

Vous verrez ensuite quelle est la bonne attitude à adopter pour créer des produits qui plaisent et qui fonctionnent même si vous débutez et sans avoir besoin d'être un expert de votre thématique.

Vous découvrirez ensuite le meilleur format à choisir pour facilement tenir la cadence de créer un produit chaque semaine sans vouloir abandonner au bout de quelques semaines.

Puis, vous verrez comment délivrer vos produits et accepter les paiements sans avoir de créer un site web.

Ensuite, vous allez voir comment il est possible de facilement automatiser votre système afin de ne vous concentrer que sur la création de contenu, sans perdre de temps sur le reste.

Et pour terminer, vous verrez la meilleure façon de choisir une thématique si par exemple vous n'avez pas encore choisi la vôtre ou souhaitez en choisir une nouvelle.

I.1- *La manière simple de trouver des idées de produits rapidement.*

Si on veut construire un système qui permet de créer un produit de formation par semaine, deux choses paraissent souvent difficiles.

La première de ces choses est de trouver des idées de produits.

En effet, si vous créez une formation par semaine, vous avez donc besoin de trouver 52 idées de produits par an, ce qui peut paraître énorme.

Vous allez voir que dans ce système extrêmement simple que vous n'avez même plus besoin d'avoir des idées, et toutes vos idées de formation vont venir automatiquement.

En effet, imaginez de pouvoir avoir toutes vos idées de formation qui viennent automatiquement, ainsi que le plan de ces formations.

Cela vous économiserait déjà 50% du travail, et même davantage.

Ce qu'il faut savoir lorsqu'on crée une formation est que le plus important est le concept.

Avoir un concept vendeur que les gens ont envie d'acheter mérite qu'on y passe beaucoup plus de temps et d'efforts que tout le reste (comme par exemple que la vidéo de vente).

Avec un bon concept, les gens vont avoir envie d'acheter et vous n'avez même plus besoin de faire de vente ou de persuasion.

Il vous suffit de dire aux gens :

"Voilà j'ai créé telle chose, si vous la voulez vous pouvez l'acheter ici."

Et le meilleur moyen de le faire est tout simplement de demander aux gens, avec un système de sondage en deux parties.

Pour trouver des idées de produits rapidement, le secret consiste donc à faire simplement un premier sondage sur les sujets en demandant aux gens ce qu'ils ont envie d'acheter.

Cela semble tellement basique que peu de monde au final utilise cette technique qui est pourtant probablement la meilleure car personne d'autre que votre audience ne sait mieux que n'importe qui les sujets qui les intéresse.

L'énorme majorité des gens se prennent la tête sur la recherche d'idée et s'arrachent les cheveux en se demandant ce que les gens vont bien pouvoir acheter, alors qu'il suffit souvent de simplement demander aux gens ce qu'ils veulent acheter.

Cela dit, vous n'allez pas demander ça à n'importe sauf si vous débutez.

Si vous débutez et que vous n'avez pas de clients, vous pouvez commencer par le demander à tout le monde, par exemple en publiant un lien vers un sondage sur votre compte Facebook ou dans la description de vos vidéos Youtube.

D'ailleurs si vous faites des vidéos vous pouvez aussi en parler de temps en temps en disant aux gens quelque chose comme par exemple :

"J'aimerai vous proposer des choses, savoir ce que je pourrais faire pour vous. Si je faisais une formation ou un évènement ou un rendez-vous sur skype et que vous me posiez des questions, quelles seraient-elles ? Si je pouvais vous aider à faire quelque chose, qu'est ce que ça serait ?"

Puis vous pouvez très simplement mettre un lien vers un sondage Google Forms ou Wufoo.

En revanche si vous avez déjà des clients, vous n'allez pas poser cette question à tout le monde mais uniquement à vos clients.

Sur la plupart des plateformes d'achat de produit, vous avez par exemple la possibilité d'envoyer un email à vos nouveaux clients à l'achat d'un produit.

Vous pouvez aussi faire ce sondage directement dans vos produits en demandant aux gens quels sont les prochaines formations qu'ils ont envie de voir et donnant le lien de votre sondage directement dans les vidéos, les audios ou le texte de votre produit.

Si votre produit est accessible dans un espace membres et que vous avez par exemple trois ou quatre vidéos l'une en dessous de l'autre qui représente un module de votre formation, vous pouvez mettre tout en bas un petit formulaire qui demande :

"Quelles prochaines formations aimeriez-vous voir ?"

Il est ici préférable de ne pas mettre de questions à choix multiples car il se peut que rien de ce que vous proposez ne convienne exactement à vos clients, et vous risquez d'oublier des choses.

Vous voyez qu'avec cette façon toute simple, ce sont dorénavant les clients qui vous donnent les idées et ce n'est plus vous.

De plus, les clients vous donneront toujours de meilleures idées que ceux qui n'ont jamais rien payé, car vos produits s'adressent avant tout aux gens qui ont envie de dépenser de l'argent pour apprendre des choses.

Ainsi, chaque semaine lorsque vous préparez votre prochaine formation, il vous suffit juste de regarder un peu les réponses les plus fréquentes et faire un contenu dessus.

Si vous avez déjà de l'expérience vous pouvez aussi tout-à-fait choisir les réponses les moins fréquentes ou ne pas du tout consulter les résultats de ce sondage, simplement parce que vous avez envie de faire une formation sur tel ou tel sujet en sachant pertinemment que votre produit ne s'adressera pas cette semaine-là à la majorité des gens.

En revanche si vous débutez et si vous voulez commencer à rapidement gagner votre vie avec ce système, ne choisissez que les sujets qui intéressent potentiellement au moins 80% de votre audience.

Attention ça ne veut pas dire 80% des réponses que vous allez avoir lors du sondage, mais 80% de ce que veut globalement votre audience.

Ces réponses vont vous donner une indication mais si elles ne sont pas nombreuses elles ne seront pas forcément représentatives de la tendance globale de votre audience.

C'est à vous de le jauger selon les sujets les plus populaires et dignes d'intérêt dans votre thématique et les réponses obtenues lors du sondage.

Par contre, évitez de faire un produit trop généraliste et choisissez tout de même quelque chose de spécifique.

Si vous êtes dans la thématique de la guitare et que vous êtes trop généraliste en faisant un produit global tel que *"Tout apprendre sur la guitare de A à Z du début à la fin"*, vous ne saurez pas pronostiquer les résultats que vous allez avoir en termes de ventes.

Vous pourrez peut-être ce produit vendre si vous le présentez bien, mais il vous sera difficile de savoir exactement les résultats que vous allez obtenir, et surtout il vous sera beaucoup plus difficile de vendre d'autres produits par la suite.

Il vaut donc largement mieux faire de petits produits sur des aspects bien spécifiques sur telle ou telle chose (en guitare par exemple sur les accords de base pour composer sa première chansons, la gamme pentatonique pour faire ses premiers solos, telle ou telle rythmique pour enrichir son jeu ou changer de style, les exercices de pros pour gagner en vitesse de jeu, etc.).

Maintenant que vous avez annulé l'effort sur la recherche d'idées et que vous savez trouver rapidement vos idées de produits, voyons voir dans la partie suivante comment créer le contenu de ce produit.

I.2- Comment créer facilement votre produit avec un plan et un contenu irrésistible.

Vous venez dans la partie précédente d'annuler la première difficulté pour créer des formations toutes les semaines qui est la recherche d'idées.

Une fois le sujet sélectionné, la deuxième difficulté pour réussir à créer des formations toutes les semaines est la création du contenu de ce produit.

Ainsi, si vous arriviez, en plus d'annuler l'effort sur la recherche d'idées, d'annuler l'effort sur la création du contenu en tant que tel, ça voudrait dire que créer une formation, un tutoriel, un cours, ou un format complément différent deviendrait extrêmement facile.

Et si en plus vous n'aviez même pas besoin de vendre et de persuader les gens de l'acheter (on reviendra plus en détails sur cet aspect dans le deuxième module), alors il deviendrait extrêmement facile d'avoir une fréquence de création de produits beaucoup plus importante.

Le secret pour avoir un plan et un contenu irrésistible consiste à faire un deuxième sondage, cette fois sur le contenu.

Une fois votre sujet sélectionné, vous allez donc faire une fois par semaine un sondage pour savoir ce que les gens veulent savoir en détails, en leur demandant par exemple :

"Quelles sont toutes les choses que vous voulez savoir, qui vous bloquent pour obtenir ce que vous voulez concernant ce sujet spécifique que j'ai choisi."

Ainsi, ces deux sondages suffisent à eux seuls pour vous dire tout ce dont vous avez besoin pour créer votre produit. Vous n'avez rien besoin d'autre.

Il vous suffit simplement d'intégrer ces deux sondages dans votre système et routine hebdomadaire.

Prenons un exemple.

Par exemple, vous pouvez sortir une vidéo de présentation de votre produit le mardi et sortir votre nouveau produit tous les jeudis.

A la fin de la semaine précédente, vous devez donc déjà être en mesure de pouvoir commencer à réfléchir à votre produit.

Ainsi, le jeudi, quand votre produit est disponible à la vente, il y a également votre premier sondage sur les idées qui est disponible, par exemple dans un formulaire sous le contenu de votre produit comme on l'a évoqué dans la partie précédente.

Vous pourriez aussi très bien en parler au sein même de votre produit de formation dans votre vidéo, audio ou texte, et dire aux gens dans chaque module que vous avez vraiment besoin de savoir ce qu'ils veulent apprendre, en leur donnant l'adresse vers un formulaire qui leur demande de quoi ils ont besoin pour pouvoir préparer les prochaines formations.

Ainsi dès le jeudi de la mise en ligne de votre produit, vous allez déjà vous retrouver avec plein d'idées de produit pour la formation de la semaine suivante.

Il ne vous reste ensuite plus qu'à sélectionner la meilleure idée ou celle sur laquelle vous souhaitez partager des choses, et arrêter votre choix sur une idée par exemple le vendredi afin de laisser au moins 24 heures aux gens de répondre au sondage.

Ensuite le samedi, vous pouvez lancer votre deuxième sondage sur le contenu et demander aux gens dans votre vidéo du samedi ou votre statut Facebook ou dans un mailing par exemple la chose suivante :

"Je vais lancer la semaine prochaine une formation sur tel sujet, j'ai besoin de savoir tout ce qui vous bloque sur ce sujet pour vous permettre de réussir à faire ci ou ça, les problèmes que vous n'arrivez pas à surmonter et comment je pourrais vous aider à les résoudre, etc. Quel contenu voudriez-vous voir dans cette formation ?"

Ainsi par ce deuxième sondage, vous avez tout ce dont vous avez besoin dès le dimanche ou le lundi : votre sujet, votre plan et contenu qui est tout ce que les gens veulent savoir, vous n'avez même pas besoin de jouer aux devinettes et de vous stresser.

Il va donc devenir extrêmement facile de vendre le produit, puisque vous n'aurez plus besoin d'argumenter : il vous suffit de ressortir les résultats du sondage et de lister par exemple dans votre vidéo de présentation de la formation toutes les questions qui ont été posées pour rendre cette vidéo hyper attirante car les gens se reconnaîtront dans ces questions (nous y reviendrons dans le deuxième module).

Ainsi, avec ces deux sondages, vous avez tout ce dont vous avez besoin pour créer votre produit de formation et il ne vous reste plus qu'à le créer selon un format qui vous convient.

Avant de voir le meilleur format à choisir pour vous permettre de tenir facilement la cadence sur le long terme, voyons juste avant dans la partie suivante la bonne attitude à avoir lorsque vous allez créer votre produit si vous n'êtes pas un expert.

I.3- La bonne attitude à avoir pour créer un produit qui marche sans forcément avoir besoin d'être un expert.

Peut-être que pour créer un produit ou un formation, vous êtes complexé de vous positionner comme étant le professeur ou l'expert qui sait tout et qui va tout apprendre aux gens, alors qu'il y a peut-être des personnes parmi les clients qui en savent nettement plus que vous sur le sujet.

La bonne attitude à avoir n'est pas celle d'un expert qui a la science infuse, mais plutôt d'un chercheur qui passe son temps à découvrir, à étudier et à tester de nouvelles choses, puis à les apporter et à les partager aux gens au travers de ses produits de formation.

Vous allez ainsi découvrir au fil du temps sur une même thématique ou sur un même sujet plein de nouvelles choses, qui rendront peut-être même obsolètes certaines de vos anciennes formations d'ici quelques mois ou quelques années.

De cette manière, rien ne vous empêche donc de sortir au fil du temps plusieurs produits sur un même sujet ou sur une même thématique, mais avec des nouvelles choses que vous avez découvertes et expérimentées, en vous positionnant comme un chercheur qui trouve et teste des nouvelles choses pour ensuite les donner aux gens.

Vous voyez ainsi que vous n'avez aucun complexe à avoir d'être ou pas l'expert du domaine, ou que quelqu'un en sache plus que vous.

26

I.4- Le meilleur format à choisir pour tenir facilement la cadence d'un produit par semaine.

Maintenant que vous avez tout ce dont vous avez besoin pour créer votre produit de formation, ce qui est le plus important pour tenir sur le long terme la cadence d'un produit par semaine est de trouver un format dans lequel vous prenez un maximum de plaisir.

Cet aspect de plaisir est la clé qui va vous permettre de persévérer et de ne pas abandonner.

Il ne faut surtout pas prendre un format en vous disant que tel ou tel format va mieux fonctionner qu'un autre. En réalité, on s'en fiche.

Il vaut mieux même vendre un peu moins et que les clients soient un peu moins contents, mais de continuer sur la durée.

Vous pouvez certes choisir de créer un produit en prenant le meilleur format au monde qui est le multi-format, et qui consiste en un gros package qui mélange par exemple de la vidéo, de l'audio, du texte, du coaching live, etc.

Mais combien de semaines pensez-vous réellement tenir si vous choisissez ce format et sortez chaque semaine un produit avec 5 heures de vidéo, 80 pages de texte et 10 heures de coaching ?

Peut-être deux ou trois tout au plus, et ensuite vous laisserez tomber car c'est beaucoup trop contraignant de faire ce genre de format et à un moment, vous n'aurez plus aucun plaisir à le faire, et ça deviendra même une véritable corvée.

C'est pour ça que ce qui compte le plus, c'est d'avoir un format qui est adapté à votre personnalité, un format qui vous parle le plus et dans lequel vous prenez avant tout du plaisir, car la clé de votre réussite passera par le fait de tenir facilement cette cadence sur la durée et ne pas vous arrêter au bout de deux semaines.

Ainsi si vous n'êtes par exemple pas dérangé par la fait de vous montrer devant une caméra, il vous suffit de poser la caméra et de commencer à parler devant elle, dans un endroit où vous vous sentez avant tout à l'aise et que vous n'assimilez pas à du travail.

Posez-vous avez la caméra par exemple dans un endroit dans lequel vous seriez avec un ami à boire un café, et parlez à la caméra comme si c'était votre ami en face de vous, de manière totalement détendue et naturelle.

Vous allez voir qu'en faisant ça, créer votre produit va vraiment devenir facile et agréable car vous n'assimilerez plus ça à du travail. Vous prendrez du plaisir à le faire et vos clients le ressentiront et passeront un bon moment aussi, qu'ils seront ravis de renouveler en achetant vos prochaines formations.

Vous êtes donc doublement gagnant car vous serez content de recommencer d'autres formations sous ce format vu que vous prendrez du plaisir, et vos clients seront contents d'acheter d'autres formations vu qu'ils passeront eux aussi un bon moment.

Si vous ne voulez pas montrer votre tête, il existe de nombreux autres formats possibles.

Vous pouvez par exemple rester dans le format vidéo en faisant du screencast, c'est-à-dire en filmant votre écran.

Il est possible pour ça d'utiliser des outils tels que des tableaux blanc virtuels avec une tablette tactile Wacom qui vous permet d'écrire dessus, et un logiciel comme Artrage studio pour faire le tableau. Pour enregistrer l'écran, vous pouvez utiliser des logiciels tels que Camtasia ou encore Screenflow.

Vous pouvez aussi choisir le format audio, par exemple en vous enregistrant avec un dictaphone ou votre téléphone portable dans un endroit où vous vous sentez à l'aise à l'extérieur ou à l'intérieur, assis ou même en marchant.

D'ailleurs, l'audio permet souvent de se lâcher davantage et donc de donner des contenus qui ont beaucoup plus d'énergie et beaucoup plus vibrants, car vous n'avez pas la gêne ou l'intimidation d'être devant une caméra.

Encore une fois, c'est le format qui doit s'adapter à votre mode de vie et pas le contraire.

Il est donc fondamental de choisir un format qui vous convienne, car c'est vous et pas quelqu'un d'autre qui va devoir durer et persévérer sur le long terme.

Il vous suffit juste de vous poser une heure ou une heure et demie quelque part, de prendre la liste des questions du sondage, et d'y aller.

Surtout, faites-le spontanément et ne préparez pas tout à la lettre car vous risqueriez même de faire quelque chose de moins bonne qualité si vous préparez tout comme du papier millimétré.

En effet, il faut savoir qu'il y a désormais une vraie transition professionnelle qui s'est créée. Vous pouvez d'ailleurs le voir en regardant les PDG d'avant qui portaient des costumes avec cravate et les PDG de la Silicon Valley qui sont en tongs et t-shirt.

Les choses évoluent de plus en plus vers ce nouveau schéma, les gens se détendent de plus en plus. Ils cassent l'apparence un peu froide et distante des vieux modèles formels et carrés pour être davantage spontanés (on peut le voir dans les prises de paroles, dans les livres, etc.).

Etre spontané va donc davantage parler aux gens que d'être sur-préparé, et même si vous vous trompez à un moment ce n'est pas grave du tout.

Au contraire, ça peut même être un avantage énorme car en vous montrant vulnérable et en admettant que vous n'avez pas toutes les réponses, les gens vont vous respecter encore plus et vous allez créer une relation humaine encore plus profonde et honnête.

Vous êtes vraiment gagnant sur tous les tableaux donc n'ayez aucune crainte de vous lancer.

Prenez donc la liste de questions et allez-y, comme si vous preniez un café avec un ami, et que vous étiez en train de lui expliquer ça, car les gens finalement sont vos amis. C'est le type de relation profonde que vous voulez créer avec vos clients.

Vous êtes en train de bâtir une relation d'amitié avec eux, de leur montrer qui vous êtes.

On voit parfois certaines personnes qui tiennent un vlog qui sont naturelles et spontanées dans la vie de tous les jours, et d'un seul coup allument leur caméra pour tourner leur vlog et commencent à prendre un air sérieux qui n'a plus rien à voir avec leur personnalité qu'ils avaient deux secondes avant. Ne faites surtout pas ça.

Cela peut peut-être paraître difficile de parler à une caméra comme on parle à une personne mais ce n'est pas si difficile d'y arriver. Il suffit juste d'imaginer les gens à qui vous vous adressez plutôt que la caméra elle-même, de vous lâcher et d'être simple, exactement comme vous êtes en compagnie d'un ami.

Ainsi, vous avez donc à ce stade totalement éliminé le besoin de recherche de sujets et contenus de vos produits.

Vous avez aussi totalement éliminé la problématique sur la forme en choisissant un format et un endroit où vous vous plaisez, et dans lequel vous avez vraiment du plaisir à le faire plutôt que de faire quelque chose d'extrêmement élaboré et peaufiné dans les moindres détails que vous ne reproduirez pas longtemps.

Maintenant, la question est de savoir comment mettre techniquement vos produits en ligne pour pouvoir les vendre et accepter les paiements, ce qui est le troisième gros problème qui empêche les gens de se lancer.

C'est ce qu'on va traiter dans la partie suivante.

I.5- Comment délivrer vos produits et accepter les paiements sans site web.

Maintenant, la question est de savoir comment vous allez pouvoir mettre vos produits disponibles en ligne pour que les gens puissent les acheter et que vous puissiez recevoir les paiements.

C'est une barrière technique qui empêche de nombreuses personnes de se lancer en ligne.

Lorsqu'on a un site par exemple un blog Wordpress, on peut utiliser toutes sortes de plugins tels que Amember, Optimize Member Whichlist, etc.

Certains comme Amember sont d'ailleurs relativement complexes à paramétrer et peuvent prendre une semaine entière pour les faire fonctionner comme on le souhaite.

Par ailleurs même s'il existe plein d'autres plugins Wordpress, ces solutions demandent d'avoir un site web et beaucoup d'entre elles posent des problèmes de sécurité.

Il vous faut donc avoir un système qui vous permette de faire ça le plus simplement possible, et sans site web.

Il existe à cet effet des plateformes qui vous permettent de faire ça très facilement et sans même avoir besoin de site web.

Il y en a une qui est très peu utilisée pour vendre des produits téléchargeables mais qui fonctionne très bien pour ça.

Il s'agit de Shopify.

A la base, Shopify est une plateforme (disponible aussi en français) dédiée à l'e-commerce pour vendre par exemple des produits physiques sur Facebook (des chaussures, des bijoux, etc.).

Shopify possède un App Store qui permet de rajouter à votre magasin toutes sortes de plugins pour le customiser entièrement de A à Z.

Un de ces plugins s'appelle "Digital Downloads App", et vous permet ainsi de travailler avec des fichiers téléchargeables qui vont jusqu'à 5 Giga Octets. Si jamais vos produits et formations téléchargeables dépassent les 5 Giga de données, il y a toujours possibilité d'en étendre le volume par exemple en faisant un couplage avec Dropbox, mais vous n'aurez probablement jamais besoin de le faire.

Shopify est par ailleurs une des rares plateformes compatible avec énormément de choses, intégrant par exemple une très grande quantité de plateformes de paiement, telles que 2Checkout ou encore Paypal, ou permet d'intégrer divers formulaires, etc.

Vous pouvez quasiment tout faire avec cette plateforme exactement comme vous le souhaitez, et c'est une plateforme qui est susceptible de durer dans le temps qui possède un gros capital. Enfin, vous aurez l'assurance de ne pas avoir de problèmes de sécurité.

En ce qui concerne le choix de votre plateforme de paiement, sachez que les frais de 2Checkout sont assez élevés en comparaison de Paypal, mais que les taux de conversion sont légèrement plus élevés qu'avec Paypal, ce qui au final en revient au même.

L'avantage de 2Checkout par rapport à Paypal est que vous pouvez être payé sur une carte rechargeable Mastercard. Par contre 2Checkout est un peu plus difficile à paramétrer que Paypal qui est très simple.

Aussi, si recevoir des paiements sur une carte Mastercard vous importe peu, choisissez Paypal qui est une solution de référence largement répandue et très simple à mettre en place.

Maintenant que vous savez comment mettre en place votre système pour créer vos produits, les distribuer et accepter les paiements, il reste à voir comment automatiser un maximum de choses pour ne vous permettre de faire que du contenu.

I.6- Comment automatiser au maximum votre système pour ne faire que du contenu.

Une fois que vous avez construit un système qui vous convient et vous correspond, que vous avez fait les ajustements nécessaires et que vous estimez qu'il fonctionne comme vous le voulez pour créer vos produits rapidement tout en prenant du plaisir, les distribuer en ligne et recevoir les paiements, il va être temps d'automatiser les choses.

Il va alors falloir vous créer des procédures d'afin d'automatiser la mise en ligne de vos produits un maximum et de ne vous concentrer que sur la création de contenu.

D'ailleurs, cette automatisation est aussi valable pour ce que vous découvrirez dans le deuxième module, lorsque vous mettrez en place votre plan de contenu hebdomadaire.

Vous aurez aussi peut-être aussi à créer de la même façon des procédures pour automatiser la mise en ligne de vos contenus afin de ne vous concentrer que sur leur création (par exemple avoir une structure prête à coller avec des messages ou des liens que vous souhaitez mettre à chaque fois que vous faites la mise en ligne d'une vidéo sur Youtube ou Facebook).

Vous créer des procédures par exemple sur un fichier texte pour chaque tâche de mise en ligne vous permettra déjà de semi-automatiser les choses et vous fera facilement perdre deux fois moins de temps que sans elles.

Regarder les parties de votre routine hebdomadaire que vous pouvez automatiser et dès que c'est possible d'automatiser une partie en créant une procédure, faites-le.

Une fois que vous aurez vos procédures, il sera ensuite très facile de la donner à quelqu'un d'autre qui s'occupera de l'appliquer, ce qui vous permettra de ne plus avoir à le faire et à ne faire que de la création de contenu à 100%, ou au moins à 95%.

Vous pourriez par exemple simplement avoir à mettre vos vidéos ou vos textes sur Dropbox, et que quelqu'un les récupère et s'en occupe suivant vos procédures.

Cela peut aussi être votre conjoint ou des personnes que vous connaissez qui vous aide, ou des sites de freelance comme odesk.com ou elance.com.

Pour terminer ce premier module, voyons voir maintenant comment vous pouvez choisir votre thématique si vous ne l'avez pas encore fait ou si vous hésitez à en changer pour repartir sur de nouvelles bases.

I.7- La meilleure façon de choisir votre thématique.

Pour mettre en place tout ce système, il est possible que vous n'avez pas encore choisi votre thématique, vous que vous ayez une idée mais n'êtes pas encore sûr qu'il faut vraiment vous y engager.

Il se peut aussi que vous pensiez à changer de thématique ou encore d'étendre vos domaines d'activités et rajoutant une nouvelle thématique à votre business.

Dans tous les cas, la première chose la plus importante pour choisir votre thématique est de prendre en priorité une thématique qui vous plaît et vous passionne, et pas forcément celle où vous êtes le plus expert ou celle dans laquelle vous avez le plus de connaissances.

Vous devez savoir que ce positionnement d'expert qui sait tout comme on l'a évoqué précédemment fonctionne de moins en moins, avec son attitude carrée accompagnée du costume et de la cravate, et où vous expliquez les choses à la manière d'un professeur des années 60.

Il tend même grandement à disparaître et surtout devient de plus en plus passé de mode.

Choisir une thématique qui vous plaît mais dans laquelle ne connaissez pas tout sur tout va également vous permettre d'avoir cette attitude du chercheur dont on a parlé, qui teste et expérimente en permanence de nouvelles choses pour ensuite les partager avec les gens.

Les gens ne cherchent en effet pas forcément votre expertise. Ils vont chercher avant tout votre personnalité, votre touche unique d'être et de faire les choses.

Par exemple, imaginez que vous vouliez apprendre à faire de la pâtisserie marocaine.

Si vous avez une amie marocaine et que vous savez qu'elle fait des gâteaux marocains excellents, c'est spontanément vers elle que vous allez vous tourner en priorité pour apprendre à faire ces gâteaux, et pas vers l'expert mondial et étoilé de la pâtisserie marocaine.

La raison est que vous la connaissez déjà, vous lui faites confiance, vous connaissez la qualité de ses gâteaux et vous aimez sa touche personnelle et inimitable.

Avec la relation de profondeur et d'amitié que vous allez bâtir avec votre audience, c'est exactement la même chose. C'est spontanément vers vous qu'ils vont se tourner quand ils voudront apprendre quelque chose ou résoudre un problème spécifique à votre thématique, parce qu'ils vous connaîtront.

Ils auront tissé un lien d'amitié avec vous par le seul fait de vous suivre et d'entrer dans votre univers et apprécieront votre manière personnelle de faire les choses.

Vous avez donc tout intérêt à choisir avant tout une thématique qui vous plaît, peu importe si vous êtes expert ou pas.

La deuxième chose fondamentale est qu'il y ait des gens qui dépensent actuellement de l'argent dans cette thématique, sans forcément que ce soit dans les mêmes choses que vous allez leur proposer.

Par exemple si votre thématique est la photographie, vous savez que les gens dépensent beaucoup d'argent en matériel dans cette thématique et vous, vous pouvez très bien proposer des formations.

D'ailleurs, le meilleur filtre de garantie pour être sûr qu'un produit va avoir du succès par exemple pour les personnes qui n'en créent qu'un seul et misent tout dessus, c'est de créer un produit qui apporte la solution à un problème pour lequel les gens dépensent déjà de l'argent pour essayer de le résoudre.

C'est la meilleure garantie que les gens sont assez impliqués et motivés à résoudre ce problème et donc à acheter un produit qui permette de le résoudre, puisqu'ils dépensent déjà de l'argent à essayer de le solutionner.

Ainsi, il est donc fondamental pour choisir une thématique que celle-ci à la fois vous plaise et vous passionne, et que les gens y dépensent actuellement de l'argent.

Ceci termine ce premier module.

Vous avez construit un système très simple et qui vous correspond vous permettant facilement de créer un nouveau produit toutes les semaines sans aucun site web.

Il s'agit d'un système basé sur un modèle de business qui est totalement indépendant de la quantité de trafic web que vous avez, et qui fonctionnera même si vous avez une audience minuscule.

En effet, la plus grande erreur faite par l'extrême majorité des gens qui se lancent en ligne est de miser sur un modèle de business qui demande en permanence d'acquérir du nouveau trafic, et qui du coup abandonnent en voyant qu'ils n'atteindront jamais une audience suffisante pour que ce soit viable.

Ainsi pour mettre en place votre système, vous avez dans un premier temps découvert comment trouver des idées de produits rapidement et créer facilement votre produit avec un plan et un contenu irrésistible.

Vous avez ensuite vu que pour créer un produit, vous n'aviez absolument pas besoin d'être un expert. Ce n'est d'ailleurs plus ce que les gens attendent et la bonne attitude à avoir est celle du chercheur qui teste des choses dans sa thématique pour ensuite les partager à son audience.

Vous avez ensuite vu comment créer votre produit en choisissant un format dans lequel vous prenez du plaisir, qui s'intègre parfaitement à votre rythme de vie et qui ne vous donne pas l'impression de travailler.

Le plus important en effet pour réussir est de pouvoir tenir sur la durée cette cadence d'un produit par semaine, et ne pas s'arrêter au bout de deux ou trois semaines.

Vous avez ensuite vu la manière la plus simple, efficace et sécurisée de délivrer vos produits et d'accepter les paiements sans même avoir de site web.

Puis, vous avez vu comment vous pouviez automatiser un maximum de choses dans ce système afin de ne vous concentrer plus que sur la création de contenu.

Enfin, vous avez vu la meilleure façon de choisir une thématique, si vous n'avez par exemple par encore choisi la vôtre ou hésitez à vous lancer dans une nouvelle thématique.

Ce qui est important est de commencer tout de suite à faire tourner votre système, même si vous n'avez aucune audience.

N'attendez pas d'avoir une audience pour créer des produits. Le plus important n'est pas le produit que vous créez, mais le système qui est derrière.

L'argent n'est pas le plus important, c'est le système qui permet de ramener de l'argent qui l'est.

Le plus important est d'avoir un système qui vous permette d'être complètement autonome et de repartir à zéro quand vous le voulez.

Il existe certes des bases communes, mais aucun système ne peut avoir la prétention d'être universel.

Ce qui compte le plus est de trouver votre propre système qui va évidemment évoluer au fil du temps, mais dans lequel vous prenez du plaisir et qui est adapté à votre mode de vie (les lieux où vous vivez, votre temps disponible, vos envies, etc.), dans le but de tenir sur la durée et de persévérer.

Aussi, commencez tout de suite avec les visiteurs que vous avez aujourd'hui, même si vous n'en avez aucun.

Petit à petit, vous perfectionnerez ce système pour que d'une part il soit le système parfait pour vous et que vous n'avez plus l'impression de travailler, et que d'autre part les gens commencent à acheter vos produits.

Une fois qu'il sera perfectionné, vous pourrez l'automatiser complètement pour ne plus vous concentrer que sur la création de contenu.

Vous pourrez aussi chercher à vous faire connaître davantage pour accroître votre audience mais ça ne sera pas indispensable.

En effet, vous savez que vous avez bâtit votre système sur des fondations les plus solides et sécurisées possibles.

Ces fondations vous permettent de très bien gagner votre vie même si vous restez petit, et vous rendent totalement indépendant de l'obligation d'acquérir sans cesse du nouveau trafic.

Il est maintenant temps de passer au deuxième module qui va vous montrer un plan de contenu hebdomadaire qui va vous permettre de créer et animer une communauté en partant de zéro.

MODULE #2: LE PLAN DE CONTENU HEBDOMADAIRE FACEBOOK ET YOUTUBE POUR CRÉER ET ANIMER UNE COMMUNAUTÉ EN PARTANT DE ZÉRO.

Dans ce deuxième module, vous allez avoir entre les mains un plan de contenu hebdomadaire pour Facebook et Youtube afin de créer et animer une communauté, même si vous partez aujourd'hui de zéro.

En effet, vous avez mis en place votre système de création de produits sur une base hebdomadaire et tout est prêt pour délivrer vos produits et recevoir des paiements.

Cependant, bien que ce système soit prêt et opérationnel, il ne va pas suffire de dire *"bonjour j'ai des produits à vendre"* si personne ne vous connaît ni ne vous suit.

Vous allez donc ici, au delà que de créer simplement des articles et des vidéos de contenu, créer et animer une communauté en donnant matière aux gens à rêver, réfléchir ou à débattre.

Il faut savoir qu'en ce qui concerne la création de contenu, une énorme transition s'est faite.

Il y a quelques années, les blogueurs étaient là pour apprendre des choses aux gens en donnant par exemple des tutoriels gratuits, des trucs et astuces techniques un peu brutes et froides.

Aujourd'hui, il y a tellement de contenu disponible (on ne clique d'ailleurs même plus sur les liens, on ne regarde que les titres), qu'on a tendance à garder pour plus tard et à mettre de côté de genre d'article un peu trop technique et qui demande de l'attention et de la concentration.

En revanche, les gens vont passer nettement plus de temps à regarder des contenus "faciles", c'est-à-dire des contenus qui les font rêver, qui les motivent, qui amènent un débat, un avis.

Ça ne veut évidemment pas dire pour autant qu'il faille faire des choses stupides ponctuées de "lol" ou d'émoticônes rigolos car ce n'est bien entendu pas comme ça que vous allez fédérer une vraie communauté.

Vous allez donc dans un premier temps voir dans ce module un plan de contenu de base hebdomadaire détaillé jour après jour pour faire tourner votre business.

Ce plan de contenu va vous permettre d'y voir notamment la manière de s'y prendre pour vendre facilement vos produits même si vous ne savez pas vendre du tout, ainsi que la nouvelle façon de faire des vidéos de contenu captivantes en un minimum de temps et en restant vous-mêmes.

Une fois que vous aurez ce plan de contenu qui vous servira de base pour faire tourner votre business, vous verrez dans un deuxième temps un plan de statuts Facebook qui va s'y ajouter en parallèle.

Le but de ce plan de statuts Facebook est exclusivement de vous permettre de construire votre audience et de bâtir un maximum d'engagement, car sans engagement, les gens risquent de ne pas voir votre contenu de base qui sert à faire tourner votre business.

Vous verrez en même temps comment gérer les commentaires sur Facebook.

Dans un troisième temps, vous verrez aussi tout ce qui va concerner l'email marketing.

Vous découvrirez la nouvelle manière la plus efficace de capturer des adresses email, et vous possèderez un plan exact d'emailing pour avoir un maximum de résultats.

Enfin, vous découvrirez l'importance de créer des ponts entre les différentes plateformes que vous allez utiliser.

Commençons donc tout de suite avec le plan de contenu de base hebdomadaire pour faire tourner votre business, jour après jour.

II.1- Le plan de contenu de base hebdomadaire pour faire tourner votre business, jour après jour.

Vous allez voir ici un plan de contenu de base hebdomadaire pour faire tourner votre business, détaillé jour après jour.

Le plan se base sur un modèle qui fonctionne extrêmement bien, et qui consiste à orienter une semaine sur la vente d'un seul produit, avec un tarif qui augmente tous les jours à partir du lancement du produit (vous verrez tout en détails).

Vous pouvez bien entendu adapter ce plan sans forcément devoir faire du vlogging. En effet, même si tout le monde se met aux vlogs et que c'est un format qui fonctionne extrêmement bien, certaines personnes ne s'y mettront jamais car ce n'est simplement par ce qu'elles aiment.

Vous allez donc ici publier du contenu certains jours, en relation avec le produit que vous voulez vendre à ce moment là.

Commençons ce plan de contenu en page suivante.

Plan de contenu le mardi.

Vous allez ici faire le lancement de votre produit avec un contenu qui va vendre votre produit.

Vous pouvez par exemple commencer le mardi. Il s'agit du meilleur jour pour vendre un produit, en particulier si votre audience est composée de personnes qui passent la journée devant un ordinateur (par exemple ceux qui travaillent dans le tertiaire, les entrepreneurs, etc.).

Si votre thématique est davantage grand public et s'adresse à des gens qui ne sont pas devant leur ordinateur toute la journée, alors il vaut peut-être mieux faire le lancement de votre produit le week-end car c'est à ce moment que ces personnes vont davantage utiliser leur ordinateur.

Tout dépend finalement de votre thématique et de votre audience, et la meilleure manière de déterminer le meilleur jour pour lancer votre produit hebdomadaire est de faire des tests.

Cela dit, le mardi donne en général les meilleurs résultats de la semaine en ce qui concerne par exemple les produits de formation en marketing Internet.

Evitez le lundi qui est dans la plupart des cas un très mauvais jour pour lancer et vendre un produit, car les gens arrivent au travail en se retrouvant avec une boite débordante d'emails et vont avoir tendance à mettre à la poubelle tous les emails qui ne sont pas urgents ou importants.

Ainsi, le mardi, faites une vidéo qui va tout simplement présenter votre produit.

Vous n'avez pas forcément besoin de faire une structure de vente à l'ancienne et vous pouvez simplement dire quelque chose du style :

"Bonjour, je voudrais partager un truc avec vous, voilà ce que j'ai fait."

Puis vous détaillez le contenu de votre produit de formation.

Pour détailler ce contenu, il vous suffit de reprendre les questions posées lors du sondage et que vous allez traiter dan votre formation.

Vous pouvez d'ailleurs faire votre vidéo de vente avant même d'enregistrer votre formation, car si vous faites cette vidéo de vente avant, alors vous n'aurez plus le choix et vous serez obligé de créer la formation, même si vous n'avez qu'un ou deux clients.

C'est un excellent moyen de se motiver et de passer à l'action.

De plus, on a souvent tendance à être fatigué et à avoir envie de passer à autre chose après avoir passé une heure à une heure et demi à créer une formation, et la vidéo de présentation qu'on fait après manque un peu d'énergie et est en général moins percutante.

Ainsi, vos vidéos de vente peuvent être nettement meilleures en les faisant avant même d'avoir créé votre formation plutôt qu'après (ce qui sera facile puisque vous connaissez déjà le plan exact de votre formation).

Vous pouvez par exemple filmer votre vidéo de vente le lundi pour la publier le mardi, et créer votre formation le mardi.

Encore une fois, il n'y a rien de compliqué dans votre vidéo de vente, il suffit simplement expliquer ce qu'il y aura à l'intérieur.

Notez que publier votre vidéo de vente avant d'avoir créé votre formation n'est absolument pas un problème.

En effet, vous allez ajouter et rendre disponible votre formation dans votre système qui délivre vos produits ou l'espace clients seulement le jeudi (ou un autre jour si vous décidez de ne pas faire le lancement le mardi).

Et en attendant, vous allez augmenter chaque jour de la semaine les tarifs de cette formation.

Ainsi, le tout premier jour de votre lancement, vous pourrez dire que les gens peuvent déjà réserver leur place pour la formation qui sera disponible sur l'espace client le jeudi, et ainsi avoir un tarif préférentiel.

Par exemple, vous pouvez lancer la formation le mardi à 57 euros.

L'idée est d'ensuite augmenter très légèrement le tarif les premiers jours qui suivent, afin de permettre aux gens qui voient votre lancement un peu plus tard d'en profiter aussi.

Par exemple, après un tarif de lancement à 57 euros le mardi, vous pouvez mettre un tarif à 59 euros le mercredi, à 67 euros le jeudi, etc.

Puis, vous allez ensuite augmenter le tarif de façon beaucoup plus abrupte et brutale vers la fin de la semaine ou juste avant ou au moment de lancer le prochain produit en début de semaine suivante.

Vous pouvez ainsi créer un vrai fossé de prix et le mettre par exemple à 127 ou 147 euros à ce moment là.

Le but de faire augmenter le tarif régulièrement tout au long de la semaine est de créer de l'urgence pour inciter à l'action, car les gens ont souvent tendance à toujours reporter les choses au lendemain.

En sachant que le lendemain le tarif sera plus élevé, même si c'est de quelques euros, cette raison va inconsciemment les pousser à agir le jour même.

Vous allez donc vendre beaucoup plus en augmentant vos tarifs tous les jours sur une semaine, avec une montée qui n'est pas régulière : une augmentation très légère les premiers jours qui suivent le lancement, et une augmentation énorme et brutale en fin de semaine, ou juste avant ou au moment de lancer le produit suivant au début de la semaine d'après.

Ainsi, l'objectif n'est pas de faire monter le prix mais simplement que tout le monde puisse accéder à votre produit à un tarif correct, mais qu'en même temps les gens comprennent que le prix augmente réellement et que c'est maintenant qu'il faut agir.

Pour terminer, vous devez savoir qu'il est important dans ce système de ne pas voir un produit comme quelque chose qui va avoir de nombreuses années de durée de vie.

Si au début lorsque vous commencez vous n'en vendez pas au cours d'une semaine ou deux semaines d'affilée ce n'est pas grave, parce que ces produits vont probablement rapidement devenir obsolètes vu que vous allez au fil du temps trouver de nouvelles idées, de nouvelles façons de faire les choses, et que votre façon de parler de présenter les choses ou de vous comporter va elle aussi évoluer.

Ce qui est important est de focaliser vos efforts sur ce qui se passe dans la semaine en cours, surtout lorsque vous lancez la machine. Vous verrez au début combien vous vendez, puis vous pourrez vous fixer des objectifs chaque semaine.

Passons maintenant au mercredi.

Plan de contenu le mercredi.

Le mercredi, vous pouvez par exemple mettre un extrait de la formation dont vous avez fait le lancement le mardi.

En effet si vous mettez une vidéo par jour, vu que vous avez déjà réalisé la formation le mardi, vous n'avez pas forcément eu le temps de créer en plus une vidéo de contenu.

C'est d'ailleurs la même si vous avez créé votre formation le mercredi, vous n'avez plus forcément l'énergie pour en plus faire une vidéo de contenu.

C'est pour ça que vous pouvez mettre à la place un extrait de votre formation, qui va remplacer la vidéo de contenu journalière que vous n'avez pas faite.

D'ailleurs, lorsque vous êtes en train de créer votre formation, une excellente manière de procéder est de commencer votre formation par une introduction qui donne envie de voir la suite en expliquant un peu le sommaire et ce qui va être vu.

Comme ça, vous pourrez directement et très facilement utiliser cette introduction comme l'extrait que vous allez mettre le mercredi.

Plan de contenu le jeudi.

Le jeudi, vous pouvez faire un peu ce que vous voulez.

Cependant, vous allez voir de quoi vous pouvez parler dans le cas où vous souhaitez maximaliser vos résultats avec ce système, ou dans le cas où vous n'avez pas de sujet particulier qui vous vient à l'esprit.

Mais juste avant, parlons en page suivante de la nouvelle façon dont vous pouvez faire vos vidéos de contenu.

La nouvelle façon de faire des vidéos de contenu qui accrochent en un minimum de temps et en restant soi-même

Il faut savoir que si vous faites une vidéo de contenu tous les jours, vous n'avez pas forcément besoin de faire un format de type vlog ou une vidéo longue.

Vous pouvez très bien faire des micro-vidéos.

Par exemple vous pouvez simplement prendre votre téléphone et dire quelque chose du style :

"Salut, aujourd'hui je voulais vous parler de ça, qu'est ce que vous en pensez ?"

Ou :

"Je suis en train de lire ce livre, qu'en pensez-vous ?"

Ou encore, vous pouvez avoir une petite idée qui vous passe par la tête en vous baladant dans la rue, ou voir soudainement quelque chose que vous voulez faire partager à votre audience.

Concernant les sujets de vos vidéos, préférez dans tous les cas rester naturel et faire les choses naturellement.

Par exemple, les jours où vous ne voulez pas parler de votre thématique, n'en parlez pas et contentez-vous juste de montrer des choses personnelles, même si elles n'ont aucun rapport.

Dans tous les cas, essayez de ne pas faire des contenus artificiels en les préparant à l'avance en vous disant : *"tel jour je vais parler de ça, le jour d'après de ça, et le surlendemain de ça, etc."*

Si vous faites ça, vous risquez de vous lever le matin sans forcément avoir envie de parler du sujet en question que vous aviez prévu.

Du coup, votre vidéo risque de sonner artificielle et manquer d'énergie.

Il est donc nettement plus préférable de montrer à la place votre vie et parler de choses personnelles qui sont en dehors de votre thématique.

Vous allez ainsi bâtir une relation où les gens apprécieront qu'il y a des jours où vous n'avez pas envie de parler de choses sérieuses et des jours où vous aurez envie d'en parler.

Ainsi, si vous n'êtes pas fan d'un format de vidéos longues telles qu'un vlog (format qui au passage fonctionne extrêmement bien si vous le choisissez), vous pouvez très simplement vous contenter de faire chaque jour une mini-vidéo de 10 à 30 secondes.

Vous n'avez même pas besoin de faire de montage. Il vous suffit de prendre votre téléphone, et par exemple d'essayer d'aller dans un endroit un peu différent tous les jours.

Vous pouvez ainsi au moins poster une vidéo comme ça tous les jours, et vous verrez que ça va tout changer.

C'est un peu ce qu'on appelle le micro-vlogging qui sera probablement le format qui viendra après les vlogs.

Evidemment, ce format laisse moins de temps pour créer une relation et de la valeur, mais c'est un peu le remplacement du vlog et surtout ça ne vous demande vraiment pas de travail.

Vous pouvez ensuite publier ces vidéos sur Facebook (ou Twitter si vous avez un compte, qui accepte des vidéos jusqu'à 30 secondes), ou sur Youtube si vos vidéos atteignent les 2 à 3 minutes (car Youtube n'est pas forcément le plus adapté pour des vidéos de 15 secondes. Pour mettre une vidéo sur Youtube, essayez de faire en sorte qu'elle dure au grand minimum un peu plus d'une minute).

Quelle que soit la plateforme que vous utilisez, vous pouvez de cette manière faire des vidéos de contenu qui accrochent votre audience en un minimum de temps et en restant vous-même.

Maintenant que vous savez comment vous pouvez très facilement faire vos vidéos de contenu avec ce nouveau format simple, voici le sujet duquel vous pouvez parler le jeudi si vous souhaitez maximaliser tout ce que vous faites avec votre système, ou si vous n'avez pas d'autre sujet.

Le jeudi, vous pouvez traiter les objections.

Traiter les objections ne veut pas dire d'étaler les objections courantes qui expliquent pourquoi les gens n'ont pas acheté votre produit.

Au lieu de parler de votre produit et des raisons pour lesquelles il n'a pas été acheté, vous allez parler du sujet duquel traite votre produit.

Par exemple si votre produit porte sur l'email marketing, vous pouvez dire quelque chose comme :

"Si vous ne vous êtes pas encore mis à l'email marketing, il faut savoir qu'il permet de faire ci et ça. Il y a beaucoup de gens qui pensent que l'email marketing n'est pas pour eux, ou que ça ne va pas fonctionner, ou qu'il y a tel ou tel problème. Voici ma réponse à ces gens là."

Ne pas faire votre réponse comme si c'était des objections, mais la faire avec la même attitude que vous auriez si vous répondiez aux questions des gens.

Et surtout, ne faites pas votre réponse sur le produit mais sur la solution qui se trouve derrière le produit ou sur la thématique du produit.

Faire une vidéo qui traite les objections vous permet ainsi de mettre un lien vers la vidéo du mardi qui présentait le produit, et donc de faire encore plus de ventes.

Plan de contenu le vendredi.

Le vendredi, vous pouvez donner un exemple, ou montrer à votre audience comment vous avez fait personnellement pour résoudre un problème sur la même thématique que votre produit, ou parler d'un ami ou d'une connaissance qui a totalement transformé son business avec l'email marketing, si votre produit de formation portait sur l'email marketing.

Vous pouvez donc très bien donner un exemple en utilisant soit votre propre expérience de réussite soit celle de quelqu'un qui a réussi dans cette thématique, mais pas forcément grâce à votre produit.

En effet, vous n'aurez jamais le temps de vous baser sur les témoignages des gens qui ont acheté votre produit puisque vous sortez un nouveau produit par semaine.

Donnez donc juste un exemple lié à la thématique, qui va aussi vous permettre de placer un lien vers votre vidéo de vente du mardi.

Ainsi, vous n'êtes pas là à essayer de vendre par tous les moyens.

Prenons un exemple.

Admettons que vous ayez sorti le mardi une formation sur la manière de composer une chanson avec un ukulélé. Vous mettez un extrait de cette formation le mercredi, et le jeudi vous traitez les objections en disant par exemple :

"Il y a des gens qui pensent que c'est trop difficile, que ce n'est pas pour eux, qu'ils n'ont pas le bon ukulélé, etc. Voici ma réponse à ces gens."

Et là, vous leur montrez que c'est facile."

Puis le vendredi, vous pouvez mettre l'exemple d'un ami qui a réussi à composer un très joli morceau.

Au final comme vous le voyez, l'idée n'est pas vraiment de vendre mais de garder la même thématique pendant toute la semaine.

Vous allez ainsi garder les gens dans un mouvement d'inertie et vous créer davantage d'occasion de mettre des liens dans vos statuts et vidéo qui vont amener votre audience vers la vidéo qui présente votre formation de la semaine.

Ça ne veut évidemment pas dire que tous vos contenus de la semaine devront forcément parler de la thématique de votre produit, mais il va tout de même y avoir une dominance sur ce sujet, soit avec des vidéos longues de type vlogging, soit en faisant des micro-vidéos de 10 à 30 secondes avec par exemple votre téléphone et en les postant sur Facebook ou Twitter.

Plan de contenu le samedi.

Samedi, vous pouvez faire un contenu libre.

Pensez bien en revanche à votre sondage concernant le contenu de votre prochain produit, comme on l'a évoqué dans le premier module. Vous pouvez déjà l'envoyer samedi par un mailing, en parler dans vos vidéos et dans vos statuts Facebook.

Comme ça vous aurez déjà votre plan de prêt et vous pourrez faire travailler la formation dans votre tête tout au long du week-end.

Pour maximiser encore plus vos ventes, vous pouvez aussi faire la chose suivante le samedi.

Vous pouvez par exemple faire une promotion d'un ancien produit que vous allez proposer à un tarif inférieur, ce qui vous permet de faire vivre vos anciens produits et de gagner encore de l'argent dessus.

Par exemple, vous pouvez diviser le tarif par deux et faire une "promotion du week-end" qui se limite à samedi et dimanche, et dont vous parlez dans vos vidéos et statuts Facebook du week-end ainsi que par l'envoi d'un mailing.

Plan de contenu le dimanche et le lundi.

Le dimanche et le lundi vous pouvez faire un contenu un peu plus libre, en montrant par exemple un peu plus qui vous êtes, ou en parlant de sujets qui vous intéressent.

Au final, cette semaine type est ce qui peut tout changer pour vous.

Bien au delà de chercher à utiliser telle ou telle stratégie marketing, il s'agit vraiment d'avoir la mentalité de créer votre semaine idéale et de l'optimiser semaine après semaine, en travaillant non seulement sur les journées ou les heures des journées, mais aussi sur les endroits.

Il s'agit de pouvoir intégrer travail et vie privée de la façon la plus harmonieuse possible.

C'est donc à vous de trouver ce système, cette semaine type.

Ce qui est capital, c'est d'avoir la mentalité et le réflexe de penser système hebdomadaire, car ça va tout changer pour vous.

En utilisant un système hebdomadaire comme celui que vous venez de voir, vous allez ainsi avoir une fréquence qui va vous permettre de vraiment très bien gagner votre vie même avec une toute petite audience, tout en ayant une régularité et en créant du contenu très facilement.

Ce qui est important en tous cas dans votre système, c'est tout de même de pouvoir y inclure de la vidéo, ou du moins un minimum de vidéo.

Vous n'avez pas besoin de faire comme tout le monde et vous pouvez trouver le système et le type de vidéos qui fonctionnent le mieux pour vous.

On parlait tout à l'heure des micro-vidéos car c'est peut-être ce qu'il y a de plus facile à faire.

Mais retenez que faire de la vidéo est extrêmement important car les gens vont voir qui vous êtes.

C'est par la vidéo qu'ils vont commencer à avoir une vraie relation avec vous, lorsqu'ils vont commencer à voir votre tête, à voir comment vous parlez, qui vous êtes vraiment.

L'intérêt premier des vidéos n'est pas d'apprendre des choses aux gens, mais de montrer qui vous êtes.

En montrant qui vous êtes, vous allez attirer des gens qui pourraient être vos amis dans la vraie vie.

Certaines personnes ne vont pas accrocher avec vous, mais ceux qui vont accrocher ont besoin de savoir qui vous êtes.

Il est facile de se cacher derrière un texte, mais ce n'est pas possible en vidéo et les gens vont donc vous faire beaucoup plus confiance à partir du moment où ils vont vous voir.

La profondeur de la relation n'a plus rien à voir à partir du moment où vous faites de la vidéo, même si vous n'en faites qu'un tout petit peu.

Ceci étant dit, voyons voir maintenant un plan de statuts Facebook à rajouter à ce système de base, afin de vous permettre d'obtenir un maximum d'engagement.

II.2- Plan de statuts Facebook pour construire son audience et bâtir un maximum d'engagement.

Une chose supplémentaire qui peut beaucoup vous aider est les statuts Facebook.

En plus du contenu de base que vous avez vu dans la partie précédente, vous pouvez donc aussi créer par exemple 2 statuts par jour à publier sur Facebook chaque jour de la semaine.

Ces statuts Facebook peuvent être surtout des choses personnelles et différentes comme par exemple des mini-articles, pour ne pas tomber dans le travers de publier les citations des autres ou des grands auteurs que tout le monde sort.

Créer ces statuts au jour le jour n'est pas forcément la meilleure façon de procéder car chaque jour vous risquez de mettre du temps à vous y mettre et vous n'aurez pas forcément l'inspiration.

Vous serez beaucoup plus productif de bloquer par exemple 2h ou 2h20 chaque semaine pour écrire à la suite 14 statuts que vous allez planifier sur Facebook, à raison de 10 min par statut soit 140 minutes ou 2h20 (ce qui n'est pas la mer à boire).

Vous profiterez ainsi d'un effet d'inertie et serez plus efficace pour tout accomplir d'un coup sans avoir la pénibilité de devoir relancer la machine le lendemain.

En 10 minutes, vous avez largement le temps de rédiger quelque chose qui fait vibrer, réagir.

L'idée est que ça inspire, motive, fasse rêver ou amène du débat.

Le seul et unique but de ces statuts Facebook est de créer de l'engagement, c'est-à-dire d'amener les autres à interagir un maximum en faisant une ou plusieurs des actions suivantes : cliquer, liker, partager, mettre un commentaire.

Avoir de l'engagement va vous permettre d'avoir de la visibilité sur tous vos autres contenus que vous avez réalisés dans la partie de base.

En effet, vous savez probablement que Facebook fonctionne sur la base de l'engagement. Plus vous interagissez avec une page ou avec un ami, plus Facebook va vous montrer des contenus créés par cette page ou publiés par cet ami.

Il est donc capital d'avoir de l'engagement non pas pour le prestige, mais simplement pour la raison technique qu'une personne qui clique, like, partage ou commente va davantage voir vos contenus (et ses amis aussi) car Facebook juge que vos contenus lui plaisent vu qu'elle interagit avec.

Vous aurez ainsi beaucoup plus de visibilité aussi pour vos autres contenus, notamment lorsque vous allez vendre un produit.

Si vous ne vous contentez que de vendre un produit, que vous n'utilisez pas votre compte Facebook et qu'une fois par semaine vous arrivez innocemment en publiant une vidéo disant *"bonjour, j'ai un produit à vendre"*, ça ne va pas fonctionner car personne ne va voir cette vidéo (avant même que les gens puissent cliquer et acheter).

L'idée est donc d'avoir une page Facebook vraiment active.

Comment gérer les commentaires sur Facebook.

L'idéal est aussi de passer du temps sur les commentaires Facebook laissés par votre audience mais contrairement à ce que beaucoup de gens disent, ce n'est pas forcément indispensable de les regarder.

En effet en regardant les commentaires, vous risquez comme partout de tomber sur des gens qui n'ont rien d'autre à faire que de critiquer, voire d'insulter de manière totalement non constructive et irrespectueuse.

A la fin pour plaire à tout le monde, on fini par faire des contenus lissés, fades et ennuyeux qui ne créent plus d'engagement.

Par exemple, les gens qui ont une grosse audience ne regardent pas les commentaires laissés sur leur page Facebook ou Twitter.

Imaginez par exemple si les hommes politiques devaient lire tous les messages méchants et d'insultes à chaque fois qu'ils font un Tweet, ils changeraient immédiatement de métier.

Evidemment il y a aussi des messages positifs et constructifs et ça dépend aussi beaucoup de votre thématique. Mais d'une manière générale dès que l'audience grossit, les commentaires en arrivent à être pollués par ce genre de messages haineux et non productif.

Autant donc ne pas regarder les messages pour se protéger de tout ça, mais ce choix vous appartient bien entendu.

De plus, il est très important de ne pas passer votre temps à regarder qui dit quoi dans votre thématique.

Pour augmenter votre valeur, il vaut nettement mieux suivre la poignée de gens qui réussissent extrêmement bien plutôt que de suivre la moyenne qui réussit très moyennement, et qui vous donnera des conseils pour obtenir les mêmes résultats qu'eux.

Retenez que pour gagner de l'argent, vous devez créer plus que vous ne consommez.

C'est pourquoi vous devez utiliser Facebook et les réseaux sociaux comme un outil, et pas comme un consommateur comme le font la plupart des gens qui ne gagnent rien car ils passent leur temps à lire les potins ou les informations de la moyenne plutôt qu'à créer.

Quitte à être un peu consommateur, choisissez intelligemment vos sources de consommation avec l'extrême minorité des gens qui réussit extrêmement bien plutôt que de vous encombrer l'esprit avec des informations bas de gamme de la moyenne des gens de votre thématique.

Mais pensez toujours à faire un maximum de création, car ceux qui réussissent sont ceux qui créent du contenu et de la valeur, des choses pour les gens.

Les gens qui ne font que consommer ne gagnent souvent que des miettes, pendant que d'autres passent leur vie à créer sans cesse et à consommer beaucoup moins qu'ils ne créent de valeur pour les autres (pas forcément en quantité mais en valeur), et du coup gagnent de l'argent.

Plan de statuts Facebook.

Ceci étant dit sur la manière de gérer les commentaires Facebook, vous pouvez donc vous bloquer 2h20 par semaine pour créer et planifier 14 statuts Facebook, et en publier 2 par jour.

Vous pouvez publier le premier le matin par exemple vers 11 heures.

Ensuite, vous pouvez publier la vidéo du jour (celle de votre contenu base créée dans la partie précédente) par exemple vers 15 heures.

Enfin, vous pouvez publier le deuxième statut Facebook par exemple le soir vers 17 ou 18 heures.

Ce rythme permet d'avoir un équilibre tout au long de la journée.

Ce qui est important sur Facebook au delà du choix des heures exactes pour publier (qui dépendent aussi de votre audience et vous devez trouver les pics d'activité journaliers de votre audience sur Facebook pour poster à ces moments là), c'est d'avoir de l'espace entre les statuts.

Si vous ne laissez pas d'espace entre les statuts, il y aura un statut qui sera moins visible au profit de l'autre.

Laissez donc au minimum 2 heures entre 2 statuts, et intercalez votre contenu de base entre vos statuts Facebook pour varier les formats, comme ici où vous intercalez la vidéo entre deux statuts texte : Texte - Vidéo - Texte.

N'hésitez d'ailleurs pas à vous lâcher dans le texte, car l'idée n'est pas de recopier les choses que tout le monde a déjà dites.

L'idée des textes est aussi de partager des choses un peu personnelles en donnant votre avis, en faisant rêver, en montrant que c'est possible, et pas forcément en cherchant à tout prix à apprendre sans cesse de nouvelles choses aux gens.

Justement, l'avantage de ne pas apprendre de choses aux gens dans vos statuts Facebook est que vous allez pouvoir le faire dans vos formations.

En effet si dans vos statuts vous ne donnez pas beaucoup de conseils ou de techniques mais que vous faites rêver le gens et que vous donnez votre avis, voici ce qui va se passer :

Ils vont avoir envie d'apprendre et ça va vous permettre de vendre encore plus car vous ne direz plus toutes vos techniques publiquement.

De plus comme on l'a évoqué au début de ce module, les articles techniques ne sont pas très adaptés aux réseaux sociaux et on les met souvent de côté pour les consulter plus tard car ils nécessitent souvent de la concentration et sont souvent froids et ennuyeux.

Ainsi, ne pas parler de technique et ne pas partager vos astuces dans vos statuts permet de faire monter de plus en plus le désir et de faire en sorte que les gens soient au rendez-vous lorsque vous lancez une formation.

Voilà donc pour le système de publication.

Si vous démarrez et avant d'atteindre le rythme de
croisière qu'on vient de voir concernant les statuts
Facebook, voici en page suivante la manière dont vous
pouvez démarrer la première semaine de statuts Facebook
afin de faire les meilleurs ajustements possibles.

Votre première semaine de statuts Facebook.

L'une des meilleures façons de démarrer avec les statuts Facebook avant d'atteindre votre rythme de croisière est d'utiliser la première semaine pour déterminer ce qui vous permet d'avoir un maximum d'engagement.

Ainsi, n'ayez pas peur de trop poster sur Facebook. Vous pouvez par exemple la première semaine poster 4, 5 ou 6 fois par jour pour voir ce qui fonctionne en termes d'engagement, puis raffiner progressivement les choses.

Il n'y a en effet pas de format universel. On a évoqué les mini articles texte, mais ce n'est peut-être pas ce genre de choses que vous aimez poster ou qui engagent le plus votre audience.

Peut-être que dans votre cas, les statuts Facebook que vous aimez poster et qui engageront le plus votre audience seront des photos ou toute autre chose.

Ainsi, il vaut mieux trop poster sur Facebook au tout début par exemple la première semaine, car les gens vont seulement voir les choses qui ont le mieux fonctionné.

N'ayez donc aucune crainte, vous n'avez aucun risque de spammer les gens puisqu'ils ne vont voir uniquement que les meilleurs statuts qui ont le mieux marché et ne verront pas les autres, et ça vous permettra en même temps de voir ce qui a marché ou pas.

Testez donc un maximum de formats et de tons différents jusqu'à trouver ce qui vous permet d'avoir un maximum d'engagement.

Ainsi, prenez par exemple une semaine dans laquelle vous allez sur-publier sur Facebook (quitte à ne faire que du Facebook cette semaine-là), pour apprendre ce qui fait réagir votre audience.

Et chaque jour de cette semaine, votre seul objectif sera d'avoir un maximum d'engagement.

Si plus tard vous souhaitez aussi acheter de la publicité payante, vous pourrez d'ailleurs utiliser cette même technique de sur-publier.

Il vous suffira de poster un maximum sur Facebook, puis de voir ensuite le top 20% des statuts qui ont eu le plus de succès en termes d'engagement et en faire la promotion.

De cette manière, vous ne ferez pas vos publicités au hasard en cherchant à promotionner des choses que personne ne veut voir. Au contraire, vous promotionnerez ainsi uniquement les statuts dont vous savez déjà à l'avance qu'ils vont fonctionner.

Ceci termine cette partie sur la publication.

Il reste à voir en partie suivante tout ce qui va concerner l'email marketing.

II.3- La nouvelle manière la plus efficace de capturer les adresses email.

Avant de commencer à parler d'email marketing, on peut se demander s'il faut encore continuer à utiliser une mailing list et si l'email marketing fonctionne encore.

Le fait est qu'aujourd'hui l'email est davantage utilisé dans un cadre professionnel, car les gens utilisent d'autres plateformes pour discuter avec leurs contacts et leurs amis.

Par ailleurs, les adolescents utilisent de moins en moins l'email au profit d'autres plateformes, mais utilisent aussi moins Facebook que les autres tranches d'âge car il y a souvent les parents qui sont aussi sur Facebook. Ils utilisent donc d'autres plateformes

Ainsi, l'email marketing touche en général des tranches d'âge plus élevées que les adolescents, et des personnes qui utilisent l'email dans un cadre professionnel (par exemple tous les métiers des services, les entrepreneurs, etc.).

L'efficacité de l'email marketing dépend donc avant tout de votre audience.

Il y a certaines catégories dans lesquelles l'email tends à diminuer, mais d'autres dans lesquelles il fonctionne encore extrêmement bien et n'est pas prêt de disparaître.

Pour en venir à la capture d'adresses emails, ce sujet a fait couler beaucoup d'encre et a souvent donné beaucoup de fil à retordre, notamment en essayant de capturer les adresses emails à l'ancienne en donnant par exemple un ebook gratuit en échange d'une adresse email, sur une page de capture.

Voici maintenant une technique extrêmement simple pour capturer des emails et qui fonctionne mieux que tout le reste.

Ça peut même être la seule technique que vous utilisez, et vous aurez probablement de meilleurs résultats qu'avec toutes les anciennes méthodes.

Elle consiste à mettre un lien sur la vidéo qui présente votre produit de la semaine, en disant par exemple dans votre vidéo :

"Vous pouvez cliquer ici pour voir le tarif actuel car ce tarif augmente tous les jours, et réserver ainsi votre place."

Vous pouvez alors mettre ce lien soit en dessous de la vidéo, soit dans les fiches notées d'un "i" que vous pouvez insérer sur vos vidéos Youtube.

Les clients vont donc cliquer sur votre lien car ils ne savent pas encore le prix de votre prix, et c'est d'ailleurs pour ça que la plupart des gens vont cliquer sur ce lien.

En cliquant, ils vont arriver sur une page qui va leur demander :

"A quel email voulez-vous recevoir le produit ?"

Les gens mettent alors leur email, puis arrivent ensuite sur la page de commande où ils peuvent voir le prix.

C'est donc une page intermédiaire que vous intercalez entre le clic pour acheter et la page d'achat.

Et si les gens commandent, vous utiliserez ensuite cet email pour leur envoyer le produit.

De plus, ça vous donne l'assurance qu'ils ne vont pas mettre un faux email puisqu'il y a un produit à recevoir derrière.

Pour mettre ce système en place, vous pouvez très simplement le faire avec un autorépondeur tel qu'Aweber.

Il vous suffit avec cet autorépondeur de créer une mailing list et un formulaire.

D'ailleurs si vous n'avez pas de site web, Aweber vous donne même directement une page avec un formulaire dessus. Vous n'avez donc pas besoin de site web.

Il vous suffit alors d'envoyer les gens sur cette page à partir du lien de votre vidéo de vente qui peut par exemple avoir le message suivant :

"Cliquez ici pour commander le produit"

Ils arrivent alors sur ce formulaire qui leur demande leur email pour continuer.

Une fois qu'ils entrent leur email, ils sont donc directement dirigés sur votre page de remerciement qui n'est rien d'autre que votre page de commande pour acheter le produit (il suffit de mettre l'adresse de votre page de commande à l'endroit de votre autorépondeur lorsqu'il vous demande de spécifier l'adresse de votre page de remerciement).

Bien que ce ne soit absolument pas indispensable, vous pouvez si vous le souhaitez mettre un cookie qui n'affichera qu'une seule fois cette page intermédiaire pour ceux qui ont déjà entré leur adresse email.

Vous pouvez demander à un programmeur de le faire pour vous sur des sites de freelance tels qu'odesk.com ou elance.com, mais ça relève de l'ordre du détail et vous n'avez pas forcément besoin de ça.

II.4- Le plan exact d'emailing pour avoir un taux d'ouvertures et de clics maximal.

Une fois que vous avez installé votre système de capture d'emails, vous pouvez ensuite envoyer trois emails par semaine.

Vous pouvez envoyer le premier email le mardi au moment de faire le lancement de votre produit pour diriger les gens sur votre vidéo de vente en disant par exemple :

"Salut, voici une vidéo que vous devriez voir".

Le but de l'email n'est surtout pas de vendre le produit mais de vendre d'abord l'ouverture de l'email avec un titre accrocheur, et de vendre le clic sur le lien dans l'email.

Ne cherchez jamais à vendre votre produit dans un email, vous n'avez pas le temps et ce n'est pas fait pour. C'est le rôle de la page qui suit le clic de vendre le produit.

Il vous suffit donc de dire rapidement dans votre email :

"Voilà, j'ai créé quelque chose de génial où vous allez apprendre ça et ça."

En mettant par exemple deux ou trois choses que les gens vont apprendre.

Mettez aussi de la curiosité en disant par exemple :

"J'ai filmé ça"

Insérez plusieurs liens dans chaque email en surlignant les mots ou des parties de phrases et en mettant des liens dessus.

Vous pouvez ensuite envoyer votre deuxième email le jeudi.

Le jeudi, vous pouvez faire un peu ce que vous voulez.

Vous pouvez soit ne pas envoyer d'email du tout, soit en envoyer un vers une vidéo importante ou encore mieux, vers l'extrait de la formation publié le mercredi.

Par ailleurs, vu que votre formation est rendue disponible sur l'espace client le jeudi, vous pouvez dire par exemple :

"Voilà, la formation est désormais dans votre espace clients et vous pouvez dès à présent la consommer et la télécharger. Si vous n'avez pas encore commandé, regardez la vidéo de l'extrait."

Vous leur offrez ainsi une deuxième porte d'entrée pour acheter le produit.

Enfin, vous pouvez envoyer votre troisième email le samedi.

Le samedi, vous pouvez faire un email qui ne vend rien de particulier, par exemple en mettant juste des liens vers des vidéos Youtube que les gens n'ont peut-être pas vues.

Il suffit de mettre un titre accrocheur dans votre email, puis de mettre une liste des liens vers les vidéos en leur expliquant ce qu'ils ont raté, en disant un peu ce qu'ils vont voir et découvrir dans chaque vidéo listée.

N'oubliez pas non plus de parler dans ce mail du samedi du sondage pour créer votre prochaine formation.

Maintenant que vous savez comment faire votre email marketing avec ce système, voyons voir dans la partie suivante l'importance de créer des ponts entre les différentes plateformes que vous allez utiliser.

II.5- Créez des ponts entre vos différentes plateformes.

Il est très important de créer des ponts entre les différentes plateformes que vous allez utiliser, notamment entre Facebook et Youtube.

A chaque fois que vous postez une vidéo sur Facebook, postez-là en natif Facebook, c'est-à-dire téléchargez-là directement sur Facebook et ne partagez pas de lien Youtube sur Facebook.

En effet, beaucoup d'études ont montré que le "reach", c'est-à-dire la visibilité est beaucoup moins importante lorsque vous vous contentez de mettre un lien de vidéo Youtube sur Facebook.

D'ailleurs, quelles que soient les plateformes que vous utilisez, il est toujours bien d'utiliser la culture, les codes et les outils de chaque plateforme.

Par exemple, ne faites pas du Twitter sur Facebook et inversement.

Privilégiez toujours les outils natifs fourni par la plateforme, en l'occurrence sur Facebook la vidéo Facebook.

En revanche, rien ne vous empêche de mettre un lien vers votre chaîne Youtube en disant par exemple :

"Cliquez ici pour voir plus de vidéos sur Youtube."

De la même manière, rien ne vous empêche sur Youtube de désactiver les commentaires et de mettre un lien dans la description de vos vidéos disant par exemple :

"Cliquez ici pour commenter cette vidéo sur Facebook."

Ainsi, les gens vont donc passer de Youtube à Facebook et se retrouver un peu sur toutes les plateformes, ce qui est un peu votre but.

En effet, votre but est qu'ils vous suivent un peu partout, que ce soit sur Facebook, sur Youtube ou encore par email, car dans votre audience vous avez peut-être certaines personnes qui sont davantage sur Facebook et d'autres sur Youtube, et ces personnes passeront peut-être un jour davantage de temps sur Youtube que Facebook.

Il est donc bien de faire des ponts, mais ces ponts font aussi partie intégrante de votre système dans le sens où vous pouvez avoir créé une procédure pour penser à créer ces ponts systématiquement.

Par exemple, vous pouvez créer un template avec le texte et les liens de ponts à créer quand vous postez quelque chose.

Vous n'aurez donc pas besoin à chaque fois de réécrire tous les liens vers les différentes plateformes et il vous suffira de copier/coller votre template.

Ceci termine ce deuxième module.

Vous avez vu comment réaliser votre plan de contenu hebdomadaire sur Facebook et Youtube pour créer et animer une communauté en partant de zéro.

Vous avez découvert dans une première partie le plan de contenu de base hebdomadaire pour faire tourner votre business, détaillé jour après jour.

Vous y avez notamment vu comment vendre facilement vos produits même si vous ne savez pas vendre ou persuader, ainsi que la nouvelle façon de faire des vidéos de contenu qui accrochent en y passant un minimum de temps et en restant vous-même.

Puis vous avez vu dans une deuxième partie un plan supplémentaire à ajouter à ce plan de base, qui est un plan de statuts Facebook pour construire votre audience et bâtir un maximum d'engagement.

Comme vous l'avez vu, avoir de l'engagement est indispensable pour que votre contenu de base soit crédité par Facebook d'un maximum de visibilité et que les gens voient ainsi que vous avez posté par exemple votre vidéo de vente.

Vous avez notamment pu voir dans cette deuxième partie comment gérer les commentaires Facebook.

Puis dans une troisième partie, vous avez vu tout ce qu'il y a à savoir pour faire votre email marketing de la façon la plus efficace.

Vous avez notamment découvert la nouvelle manière la plus efficace de capturer les adresses email, ainsi que le plan exact d'emailing pour avoir un taux d'ouverture et de clics maximal.

Enfin, vous avez vu l'importance de créer des ponts entre les différentes plateformes telle que Facebook et Youtube, et vous avez vu comment le faire.

Vous avez donc entre les mains un modèle de système, mais retenez que c'est à vous de vous créer votre propre système, celui qui vous correspond.

Partez avec un système qui vous paraît être le meilleur aujourd'hui, puis faites-le évoluer.

Adaptez-le au fil du temps jusqu'à trouver le système vraiment adapté à votre mode de vie.

D'ailleurs, votre système évoluera tout au long de votre vie, et c'est aussi ça qui rend l'aventure passionnante.

Cette formation touche à sa fin mais avant de la terminer, vous allez découvrir un module bonus.

MODULE BONUS.

Ce que vous allez découvrir dans ce module bonus est probablement 10 ou 20 fois plus important pour votre réussite que les deux premiers modules, car c'est que qui va faire toute la différence.

S'il vous manque cette chose essentielle, alors les choses ne vont pas fonctionner et elles fonctionneront si vous l'avez.

Voici en quoi consiste cette chose.

Ce qu'il faut savoir, c'est que dans toutes les thématiques, qu'il s'agisse de business ou de toute autre chose (de films, d'hôtels, de chaussures, de boulangerie, de caméras, d'ordinateurs, etc.), il y a toujours une personne ou une marque qui va faire quelque chose de complètement différent de tout le reste.

Et d'un seul coup, tout le monde trouve ça génial et va commencer à faire exactement la même chose en cherchant à copier le concept dans les moindres détails, au lieu de faire quelque chose de différent et bien à eux.

Les gens sont donc intéressés par la différence, mais pourtant ils décident de reproduire la même chose, en moins bien.

Dans toutes les thématiques, vous avez toujours une ou deux personnes qui font quelque chose de différent, par forcément quelque chose d'extraordinaire ou de parfait mais totalement différent du reste, et tout le monde va se mettre à le copier mais en moins bien.

Le problème est que les clients des gens qui copient les choses en moins bien sont les pires clients que vous pourriez avoir.

En effet, ce sont le style de clients qui achètent quelque chose de moins bien ou de pas terrible simplement parce que le prix est moins cher.

Ce sont des clients qui ne sont pas fidèles, et le jour où un concurrent fera un prix plus bas, ils vous quitteront pour aller chez lui.

Il faut donc à tout prix arrêter de copier ce que font les autres dans les moindres détails.

L'idée est donc d'arriver sur une thématique, de regarder ce que fait tout le monde, et de chercher à combler les défauts des autres.

Par exemple si vous êtes dans la thématique de la pâtisserie, peut-être qu'il y a des personnes de référence de votre thématique qui utilisent leurs forces mais qui ont aussi plein de défauts ou de points à développer (comme par exemple leur support client qui répond lentement, leur système de commande complexe, ou le fait qu'ils ne proposent pas d'offre de coaching ou de formations en live, etc.).

Ces personnes de référence vont continuer à se concentrer sur leurs forces sans forcément chercher à progresser dans ces autres domaines qui leur font défaut, car elles savent que ça ne va pas créer une énorme différence dans leur business et qu'il y a des gens qui font ça nettement mieux qu'elles.

Par exemple, une personne de référence dans la pâtisserie ne va pas forcément chercher à faire du coaching ou des évènements live si ce n'est pas son truc et qu'elle n'en a jamais fait.

Il y a des personnes qui ont fait du coaching toute leur vie et qui seront dix fois meilleures qu'elle. De plus, elle sait pertinemment que si elle démarre de zéro et qu'en plus elle n'aime pas ça, elle risque au mieux de devenir médiocre dans le coaching ou l'animation d'évènements en live.

En revanche, elle sait que si elle continue à faire tranquillement ses vidéos pédagogiques de chez elle, cette personne est l'une des meilleures de sa thématique, et c'est donc sur ça qu'elle se concentre.

Il vous faut donc arriver sur un marché en vous demandant ce qui manque, et ce que vous pourriez faire de totalement différent.

Il est en effet totalement dommage et même stupide que plein de gens qui voient un nouveau concept bien et totalement différent, et qu'elles cherchent à le copier dans les moindres détails en sachant très bien que ça sera moins bien que l'original.

C'est aussi la raison pour laquelle le système et les méthodes que vous avez découvertes dans cette formation ne sont pas forcément à recopier à la lettre.

Ce système et ces méthodes sont à adapter à votre propre personnalité, à votre mode de vie, à votre thématique.

L'idée est de faire quelque chose de différent et qui n'existe pas encore, et il est facile d'être le premier à faire quelque chose historiquement.

Il suffit de regarder les choses que personne ne fait aujourd'hui dans votre thématique dans laquelle il y a déjà des clients. Ça ne veut pas forcément dire d'inventer quelque chose qui sort de nulle part ou d'inventer quelque chose d'incroyablement innovant et révolutionnaire et d'être le nouveau Steve Jobs de votre thématique.

Ça consiste simplement à vous demander comment vous pourriez être le premier à faire quelque chose de différent.

Evidemment ça demande peut-être de la confiance, mais sachez que la confiance se travaille, notamment avec un programme hebdomadaire car plus vous allez créer de contenu, et plus vous aurez confiance en vous.

Une personne qui fait des choses tous les jours va forcément progresser et finir par devenir excellente, même si au tout début elle n'est pas très douée.

Regardez donc ce qui existe déjà dans votre thématique, et demandez-vous comment vous pourriez faire quelque chose d'unique et différent qui n'existe pas encore.

La façon la plus facile de le trouver est de regarder en quoi vos concurrents ne sont pas bons.

L'idéal est par exemple de pouvoir trouver ce que les autres ne sont pas capables de faire physiquement (de part l'attitude visuelle qu'ils ont figée avec leur audience, un lieu géographique différent, etc.).

Par exemple si vous êtes dans le domaine de la comptabilité et que tous vos concurrents sont toujours habillés en costume et cravate, il ne va probablement jamais être envisageable pour eux de se présenter en tenue décontractée avec un slip et un t-shirt.

Mais si vous vous mettez faire de la comptabilité habillé de cette façon, vous allez d'un seul coup avoir une audience, car il existe forcément des gens qui veulent apprendre la comptabilité de manière beaucoup moins formelle et détendue.

Sachez qu'il n'y a pas d'audience, ni de vues, ni de fans et ni de clients pour les gens qui font des sous produits, c'est-à-dire la même chose que ceux pour qui ça marche mais en moins bien.

Toutes les marques ou les personnes qui ont percé sont celles qui ont regardé dans leur marché ce qui n'était pas top, ou qui ont réussi à faire ce que les autres ne pouvaient pas faire.

Ça peut être aussi simple que de prendre une tonalité, un angle, une attitude, une ligne éditoriale bien à vous que personne d'autre ne peut se permettre de prendre dans votre thématique (par exemple en arrivant avec un nouveau mécanisme, une nouvelle manière d'apprendre aux gens comment faire quelque chose, etc.).

C'est la raison pour laquelle il n'est pas possible de dire aux gens qu'il suffit de copier telle ou telle chose dans les moindres détails pour avoir l'assurance que ça va fonctionner pour eux, car il y aura toujours cet aspect de différentiation et de côté unique qui manquera.

Une fois que vous comprenez ça, c'est à ce moment que les choses se débloquent et que vous allez être capable de faire des choses que vous n'auriez jamais été capable de faire avant.

Une fois que vous avez cette mentalité, vous pouvez enfin faire des choses qui fonctionnent et dépasser les gens qui copient en moins bien ce que font les autres.

C'est malheureusement la stratégie adoptée par la plupart des gens qui se lancent dans un business : regarder ce que font les autres et reproduire la même chose en moins bien, sans même espérer un jour pouvoir faire mieux que l'original.

C'est d'ailleurs pour ça qu'il y a souvent une personne pour qui ça marche du tonnerre, suivi loin derrière par une tribu d'amateurs qui copient ce que fait cette personne.

Faites donc quelque chose où vous êtes le premier à faire dans votre thématique.

Il suffit de le décider et encore une fois ça peut-être aussi simple qu'un choix que vous faites, qu'une chose que vous montrez, qu'un lieu dans lequel vous êtes, qu'une ligne éditoriale, qu'une attitude que vous adoptez, qu'une façon dont vous apprenez ou présentez les choses, etc.

Et une fois que vous aurez des gens qui vous suivent et qui commencent trop à recopier en détails ce que vous faites pour faire la même chose que vous, vous aurez tout le loisir d'adopter une nouvelle façon (ou pas), car vous serez le leader qui choisi la tendance que les autres vont suivre et vouloir copier.

Et lorsque vous aurez cette position, vous aurez gagné.

CONCLUSION.

Cette formation est désormais terminée et vous avez maintenant tous les outils nécessaires pour monter un business Internet sans même avoir besoin de site web.

Vous savez exactement comment créer un système complet pour devenir riche sur Internet à l'aide du contenu que vous créez par vos vidéos ou vos textes, même si aujourd'hui vous partez de zéro, simplement avec Facebook et Youtube.

Voici tout ce que vous avez appris.

Dans le premier module, vous avez vu comment construire votre système pour facilement créer vos produits et les vendre à raison de un produit par semaine, et sans même avoir besoin d'un blog ou d'un site Internet

Vous avez vu les manières simples de trouver des idées de produits rapidement et de créer facilement votre produit avec un plan et un contenu irrésistible.

Vous avez également vu pourquoi vous n'avez pas besoin d'être un expert pour créer un produit qui marche et comment choisir un format qui s'adapte à votre personnalité et votre mode de vie afin de pouvoir tenir la cadence d'un produit par semaine sur le long terme, et ne pas abandonner au bout de deux ou trois semaines.

Vous avez également vu comment délivrer vos produits et accepter les paiements sans avoir de site web, puis comment faire pour automatiser au maximum votre système pour ne plus faire que de la création de contenu.

Enfin, vous avez découvert la meilleure façon de choisir votre thématique, si par exemple vous ne l'aviez pas encore choisie ou que vous vouliez vous engager dans une nouvelle thématique.

Après avoir vu dans ce premier module tout le système autour de la création et mise en ligne de vos produits, vous avez vu dans le deuxième module le plan de contenu hebdomadaire Facebook et Youtube pour créer et animer une communauté en partant de zéro.

Vous avez ainsi été doté d'un plan de contenu de base pour faire tourner votre business, avec les détails du contenu à délivrer chaque jour de la semaine.

Pour vous avez vu un plan de statuts Facebook qui vient se rajouter à ce plan de contenu de base, dans le but de construire votre audience et bâtir un maximum d'engagement.

Cet engagement sera indispensable pour que vous soyez visible, car sans lui, personne ne verra vos vidéos de vente si vous les postez sur Facebook et donc vous n'aurez pas de chance de vendre.

Ensuite, vous avez terminé ce deuxième module en voyant une stratégie d'email marketing complète.

Cette stratégie vous a montré la nouvelle manière la plus efficace de capturer les adresses email, et vous a mis entre les mains un plan exact d'emailing pour avoir un taux d'ouverture et de clics maximal.

Enfin, vous avez vu l'importance de créer des ponts entre les plateformes, et notamment entre Youtube et Facebook.

Enfin, vous avez vu dans un module bonus une chose fondamentale et qui va faire toute la différence.

Si vous ne deviez retenir qu'une seule chose, ça serait ce qui se trouve dans ce module bonus telle elle est fondamentale pour votre réussite.

Commencez donc à bâtir votre système du mieux que vous pouvez, et commencez avec l'audience que vous avez dès maintenant, même si vous n'avez aucune audience.

Petit à petit, vous ajusterez ce système pour le façonner selon votre personnalité, votre mode de vie, votre rythme propre.

Ainsi, vous allez pouvoir avoir un business Internet qui vous correspond totalement.

Ce business va s'intégrer de la façon la plus harmonieuse possible à votre vie privée et ne sera plus perçu comme du travail mais comme du plaisir.

Par ailleurs, il vous permettra de gagner extrêmement bien votre vie et surtout de vous rendre totalement indépendant du fait d'avoir sans cesse besoin d'acquérir du nouveau trafic et d'avoir une grande audience.

Je vous souhaite donc tous mes voeux de succès dans votre réussite en ligne, et vous dis à bientôt, j'espère, dans une prochaine formation.

A PROPOS DE L'AUTEUR.

Rémy Roulier est un ancien ingénieur informatique et responsable marketing dans une multinationale.

Il est aujourd'hui auteur best-seller, digital nomad et voyage partout dans le monde, ayant acquis depuis plus de dix ans une véritable expertise dans le marketing internet et le développement personnel.

Il partage aujourd'hui ses outils et son expérience pour permettre aux autres d'atteindre également leur indépendance financière et de façonner leur vie telle qu'ils la désirent vraiment.

CRÉATIONS DU MÊME AUTEUR.

Retrouvez mes nombreuses créations directement sur Amazon.

En voici aussi quelques-unes qui peuvent vous servir :

VENTES EXTREMES AVEC LES PROMOS FLASH: 1 À 7 JOURS POUR VENDRE PLUS QU'EN 1 MOIS OU SAUVER VOTRE BUSINESS INTERNET DE LA FAILLITE EN TOUCHANT LE JACKPOT.

Cette méthode de la série "ventes extrêmes" vous permet de faire plus de ventes en 1 à 7 jours qu'en 1 mois, et a même permis de sauver un grand nombre de business Internet de la faillite en leur faisant toucher le jackpot. Lancez votre première promo flash dans moins de 30 minutes et propulsez dès demain votre site à un tout autre niveau de ventes et de revenus, même avec une petite audience et même si vous n'avez pas encore de produit.

LA RETRAITE À 30 ANS: COMMENT PRENDRE SA RETRAITE ET ATTEINDRE L'INDEPENDANCE FINANCIERE 4 FOIS PLUS VITE QUE LES AUTRES, VOYAGER, VIVRE SES REVES ET ETRE HEUREUX.

Une méthode qui vous guide pas-à-pas pour prendre votre retraite et arrêter de travailler le plus rapidement possible et 4 fois plus vite ou plus que les autres. Dévorez vite ces informations qui bientôt redeviendront introuvables, et qui vont vous permettre de prendre votre retraite à 30 ans, voyager, vivre vos rêves et être heureux.

***TRAFIC WEB EXTRÊME EN CREANT UN FAUX LIVRE:
COMMENT ECRIRE UN LIVRE INCONTOURNABLE SANS RIEN REDIGER ET
PROPULSER SON BLOG, DECUPLER SON TRAFIC INTERNET, EXPLOSER SA
MAILING LIST.***

Découvrez comment vous pouvez facilement et rapidement créer un livre qui soit incontournable dans votre thématique sans rien devoir rédiger. Puis, distribuez-le pour faire le buzz, décuplez votre trafic et exploser votre mailing list de personnes hyper ciblées. Avec cette technique, certains sont devenus N°1 de leur thématique, pourquoi pas vous?

***VOTRE PREMIER SMIC SUR INTERNET EN 72 HEURES:
LE SYSTEME INEDIT LE PLUS RAPIDE POUR GAGNER DE L'ARGENT SUR
INTERNET QUAND ON N'A PAS LE TEMPS ET GENERER 1200 EUROS EN 3
JOURS SANS CREER DE PRODUIT.***

Une méthode inédite pour générer vos premiers 1200 euros en ligne en seulement 3 jours et sans créer de produit. A posséder absolument pour tous ceux qui n'ont plus le temps ou qui ont déjà tout essayé pour gagner de l'argent sur Internet. Cette méthode va tout changer.

ECRIRE UN EBOOK IRRESISTIBLE EN UN WEEK-END:
LA NOUVELLE METHODE POUR ECRIRE UN LIVRE QUE LES LECTEURS
ADORENT, PRET A VENDRE LUNDI MATIN.
Laissez-vous guider par une procédure simple et d'une efficacité
redoutable pour créer en seulement un week-end un ebook que les
gens vont s'arracher, même si vous n'êtes pas expert dans un domaine.

DEVENIR RICHE EN 42 JOURS:
LA METHODE PAS-A-PAS POUR.GAGNER DE L'ARGENT SUR INTERNET ET
VIVRE SES REVES EN PARTANT DE RIEN.
Une méthode prouvée qui vous guide pas-à-pas et vous permet
d'atteindre votre indépendance financière en 42 jours grâce à Internet,
même si vous démarrez actuellement de rien. Un must à ne pas
manquer.

www.ingramcontent.com/pod-product-compliance
Lightning Source LLC
Chambersburg PA
CBHW060359190526
45169CB00002B/674